工商管理硕士（MBA）系列教材

LEADERSHIP
FROM BEGINNER
TO MASTER

领导力实践教程：
从入门到精通

窦毓磊 ◎ 编著

首都经济贸易大学出版社
Capital University of Economics and Business Press
·北京·

图书在版编目（CIP）数据

领导力实践教程：从入门到精通/窦毓磊编著． --北京：首都经济贸易大学出版社，2022.11

ISBN 978 - 7 - 5638 - 3405 - 1

Ⅰ.①领… Ⅱ.①窦… Ⅲ.①领导学—高等学校—教材 Ⅳ—①C933

中国版本图书馆 CIP 数据核字（2022）第 168181 号

领导力实践教程：从入门到精通

窦毓磊　编著

责任编辑	王玉荣
封面设计	砚祥志远·激光照排　TEL: 010-65976003
出版发行	首都经济贸易大学出版社
地　　址	北京市朝阳区红庙（邮编100026）
电　　话	（010）65976483　65065761　65071505（传真）
网　　址	http://www.sjmcb.com
E- mail	publish@cueb.edu.cn
经　　销	全国新华书店
照　　排	北京砚祥志远激光照排技术有限公司
印　　刷	唐山玺诚印务有限公司
成品尺寸	170 毫米×240 毫米　1/16
字　　数	200 千字
印　　张	14
版　　次	2022 年 11 月第 1 版　2022 年 11 月第 1 次印刷
书　　号	ISBN 978 - 7 - 5638 - 3405 - 1
定　　价	42.00 元

图书印装若有质量问题，本社负责调换

版权所有　侵权必究

前　言

当前的世界，正处于一个矛盾与冲突交织、机遇与挑战并存的VUCA①时代当中。VUCA时代的到来，意味着我们正全面步入一个风险社会时代。一方面，发达国家的经济增长趋于放缓，面临着高福利所带来的一系列社会问题；另一方面，随着发展中国家的崛起与民族意识的觉醒，全球化的发展红利正遭遇民族主义及地区保护主义的强烈侵蚀。在过去的几十年里，传统的价值观对于家庭的作用、生活的品质、职业的道德规范以及企业社会责任等方面的意义遭遇到巨大的挑战与重新阐释。通信科技与移动互联网技术的飞速发展将人们带入真正意义上的地球村时代，人们在享受着全球化及互联网技术发展带来的科技与经济的巨大红利的同时，各种突发性的、不确定性的风险与危机正在随时上演。2008年的金融危机，2020年暴发的新冠肺炎疫情充分展现了风险社会的不确定性挑战。在巨大的危机面前，大批的企业由于缺乏正确的领导而倒闭破产，许多发达国家也由于缺乏对于危机的正确认识与应对措施而陷入困境，此时领导力成为引导民众和企业走出危机的必不可少的能力。

但是，当我们谈论领导力的时候，大多数人都认为离自己很遥远。一提起领导力，很多人脑海里立即浮现出各种历史伟人及商界强人，觉得他们天生就具备领导的技能，普通人很难学会。实际上，领导力作为组织行为学的一个重要分支，属于管理学的范畴，跟我们每个人都息息相关，上至率领团队完成各种艰巨的挑战，下至与家人孩子和谐相处，在我们生活的方方面面，都能用到领导力的技能。作为一门成熟的学科，该领域的相

---

① VUCA是一个缩写，其中V代表volatility（易变性），U代表uncertainty（不确定性），C代表complexity（复杂性），A代表ambiguity（模糊性）。

关研究与工具已经日趋成熟，领导力是一项可以学习并不断提升的人生技能。

本书的编写从实战的角度出发，结合了本人多年领导力研究与 MBA 实践教学的经验，汇聚了中外领导力研究的各项工具与方法，并结合中国的实际特色进行了相应的提炼与补充。书中大量引用了中国企业自己的真实案例，并对中国共产党从早期创立到发展壮大过程中的宝贵经验从领导力的角度加以分析提炼，帮助读者更好地理解中国共产党的强大组织与领导能力的根源所在。

本书既可以作为 MBA 学员领导力课程的专业教材，也可以作为致力于提升个人领导力修为的大众读物。只要静下心来，认真地按照本书既定的内容进行实践，我们每个人都能够掌握领导力的工具与方法，并在各自的生活与工作当中产生极大的改变。

本书的编写按照以下思路进行：第一部分是领导力的入门篇，主要从六个部分帮助读者从领导力的门外汉变为领导力的实践者，并从领导力的理论概述到个人领导力培养的五个关键步骤，帮助读者初步实践和体验领导力的价值所在。第二部分是领导力的进阶篇，主要针对一些已经在相关的企业部门担任较高职位的管理者，通过时间管理、聚焦职责、知人善任、聚焦未来、高效决策等几个关键步骤，帮助高级管理人员更好地提升自己的领导能力，为组织创造更高的价值。

最后，本书对领导力未来的发展趋势进行了分析与总结，希望能够帮助读者更好地掌握这项技能，更好地提升自己的领导力。相信通过领导力的学习与实践，每一个人都能够为社会及家人提供一个更加和谐与充满活力的生活环境，为创造并实现人类命运共同体的伟大目标做出自己应有的贡献！

领导力的思想理论博大精深，方法实践丰富多彩，由于作者时间和经验有限，书中难免存在不足之处，还请读者不吝赐教。

感谢北京大学国家发展研究院杨壮教授最早带领我走进领导力研究的

殿堂。感谢中国传媒大学经济与管理学院薛永斌书记帮助我开拓了领导力研究的国际化视野。感谢导师李怀亮教授让我理解了文化对于领导力的重要影响。感谢在我写作期间为我做出默默贡献的家人与朋友们。

最后感谢首都经济贸易大学出版社王玉荣老师的大力支持。

中国传媒大学经济与管理学院
2022 年 4 月 7 日

目　录

上篇　领导力培养入门篇——初级领导力培养

1 领导力综述 …………………………………………………………… 3
　1.1　领导力是什么 …………………………………………………… 8
　1.2　领导者的角色 …………………………………………………… 10
　1.3　领导者与管理者的区别 ………………………………………… 12
　1.4　领导者的品质 …………………………………………………… 14
　小结 …………………………………………………………………… 17

2 个人领导力培养法则一——赢得信任 …………………………… 23
　2.1　新晋管理者的困惑 ……………………………………………… 24
　2.2　赢得信任 ………………………………………………………… 25
　2.3　认识自我 ………………………………………………………… 26
　2.4　以身作则 ………………………………………………………… 27
　小结 …………………………………………………………………… 32

3 个人领导力培养法则二——共筑愿景 …………………………… 37
　3.1　愿景是什么 ……………………………………………………… 38
　3.2　如何创建愿景 …………………………………………………… 41
　3.3　如何构筑愿景 …………………………………………………… 44

小结 47

4 个人领导力培养法则三——持续进取 51
4.1 鼓励组织内部创新与变革 53
4.2 从外界寻求好的创意 55
4.3 积极尝试并承担责任 57
小结 62

5 个人领导力培养法则四——有效的沟通 67
5.1 营造开放氛围 70
5.2 展现正确的态度和行为 71
5.3 学会聆听 72
5.4 深度有效地沟通 73
小结 76

6 个人领导力培养法则五——激发潜能 79
6.1 表彰他人的成果 80
6.2 独特的认可方式 82
6.3 打造专属的庆祝仪式 85
小结 94

下篇 领导力培养进阶篇——高阶领导力培养

7 高阶领导力培养——时间管理 101
7.1 时间都去哪儿了 104
7.2 记录自己的时间 105

7.3　分析你的时间 ·· 106
　7.4　从组织层面找出最浪费时间的事情 ················· 108
　7.5　整合时间 ·· 110
　小结 ·· 112

8　高阶领导力培养二——聚焦职责 ························ 115
　8.1　吐故纳新 ·· 120
　8.2　有效沟通 ·· 120
　8.3　团队的合作 ··· 122
　8.4　自我提升 ·· 122
　8.5　选拔人才 ·· 124
　8.6　高效的会议 ··· 124
　小结 ·· 125

9　高阶领导力培养三——知人善任 ························ 131
　9.1　了解他人的长处 ··· 134
　9.2　根据组织的需要来设立岗位职责 ···················· 135
　9.3　确保岗位设立的合理性 ································ 137
　9.4　制定高标准 ··· 138
　9.5　如何有效地发现下属的专长 ·························· 140
　9.6　聚焦长处 ·· 142
　9.7　如何有效地向上管理 ··································· 143
　9.8　了解真实的自我 ··· 147
　小结 ·· 147

10　高阶领导力培养四——聚焦未来 ······················· 151
　10.1　聚焦于组织的未来 ····································· 154

10.2 系统地抛弃昨天 ……………………………………………… 155
10.3 将最重要的资产投资于未来 ………………………………… 158
10.4 避免被压力所左右 …………………………………………… 161
小结 ……………………………………………………………… 162

11 高阶领导力培养五——高效决策 ………………………… 165
11.1 准确区分决策的对象 ………………………………………… 168
11.2 明确决策的目标 ……………………………………………… 174
11.3 做出正确的决策，而非可以接受的决策 …………………… 177
11.4 将决策付诸实施 ……………………………………………… 179
11.5 建立有效的反馈制度 ………………………………………… 181
小结 ……………………………………………………………… 184

12 变革时代的真诚领导力 …………………………………… 187
12.1 积极的心理素质 ……………………………………………… 190
12.2 道德的考量 …………………………………………………… 191
12.3 自我感知 ……………………………………………………… 196
12.4 自省吾身 ……………………………………………………… 198
12.5 客观公正 ……………………………………………………… 199
12.6 真诚透明 ……………………………………………………… 201
小结 ……………………………………………………………… 203

参考文献 …………………………………………………………… 209

领导力培养入门篇——
初级领导力培养

上 篇

1　领导力综述

太上，不知有之；其次，亲而誉之；其次，畏之；其次，侮之。信不足也，有不信焉。悠兮，其贵言。功成事遂，百姓皆谓"我自然"。

——《道德经·第十七章》

罗马俱乐部①在1972年对学习进行了一次奠基性的研究，研究的成果集结为一本书，出版于1979年，名为《学无止境：架起人类鸿沟之桥》。在该书中，作者将"人类鸿沟"（human gap）定义为"越来越大的复杂性与我们的应对能力之间的距离……之所以称之为人类鸿沟，是因为它体现为我们自己制造的东西越来越复杂，而我们的能力却发展滞后"。

在书中，作者首先描述了外在的限制——物质的世界最终会有资源耗尽的时候，用他们的话说，这些因素"限制了我们在一个有限的行星上实现物质增长的潜力"。然而，最终作者提出了"内在保证"的解决方案，强调我们自身内心中孕育着空前发展的巨大潜力。

该书的作者描述了传统学习的两种主要模式：第一，维持性学习（maintenance learning），即传统的学习方式。在这种模式中，作者指出，"学习者是要获得处理已知或重现情况的固定见解、方法和规则……这种类型的学习旨在维持现有的系统或既定的生活方式"。第二，震撼性学习（shocking learning），该模式发生在人们受到大事件冲击的时候。正如作者所指出的，"甚至是到目前为止，人类还在等待着大事和危机的到来……危机会在带来冲击的同时激发或加强这种原始的学习……震撼性学习可以看成是政治精英、专家治国和权威主义的产物。在冲击引起的学习发生之前，往往会有那么一段时间，人们过分相信并单纯依赖专家和知识或技术的能力远远超出了其适用条件的解决方案"。然而，作者指出：维持性学习或震撼性学习的传统模式已经不足以应对全球的复杂性；如果未经检验，它们很有可能会导致重大的事件和危机的失控。无独有偶，当今新冠肺炎疫情的暴发就是传统的两种学习方法所导致对现实的真实写照。

为了应对这种不确定性的挑战，该书作者提出了第三种学习方式——创新性学习。创新性学习要求你相信自己，在生活和工作中自我引导而不是受他人的支配。它是一种主动性的学习方式，包含以下三种要素：第一，预

---

① 罗马俱乐部（Club of Rome）是关于未来学研究的国际性民间学术团体，也是一个研讨全球问题的全球智囊组织。

期，主动且富于想象力，而不是被动且顺从的习惯。第二，倾听，通过倾听他人来进行了学习。第三，参与，左右事件而不是被事件所左右。

在创新性学习中，一个人不仅必须认清当前的环境，而且还必须能够想象未来的环境。而这恰恰是我们作为领导者必须具备的技能。

智利矿难的启示

2010年8月5日，智利北部阿塔卡马沙漠中的圣何塞铜金矿，像往常一样，54岁的领班乌尔苏亚带领32位矿工兄弟下井采矿。14时左右，头顶突然传来了巨大震动和轰鸣声。待尘埃稍落，乌尔苏亚和他的矿工兄弟们发现，他们遭遇了生平最严重的塌方事故。塌方的尘埃充斥了隧道，矿工们双眼像被灼烧一样剧痛，看不清周围任何东西。通过互相呼喊，乌尔苏亚让大家在黑暗中排队摸索着寻找通风隧道。不幸的是，塌方导致的岩层变化把通风口完全堵塞。在接下去的17天中，在距离地面2 000英尺[①]的地下，33位矿工与地面完全失去了联系。地面的营救人员也根本无法判断是否有矿工仍然存活着。他们暂时"死了"！

没有比你还呼吸着，却清醒地意识到你暂时"死了"更让人窒息、更让人抓狂。凭着几十年的采矿经验和对地面现有的救援设备的了解，矿井下的每一位矿工都很清楚，等救援人员挖到地面2 000英尺下，找到的只能是自己腐烂的躯体了。所以，他们每天将会看着自己和同伴一分一秒地暂时"死去"。与"死了"相比，这种清醒的绝望让他们痛恨所有的人，做最疯狂的事，并得到上天的宽宥。在这17天中，人类所有悲天悯人的词汇都无法描述他们当时的心理绝境，任何语言都显得苍白、小气、浅薄。

---

① 609.6米（1英尺=0.304 8米）。

在乌尔苏亚的带领下，他们从避难所中找到120罐金枪鱼罐头、一些饼干，还有当天带下井的几罐牛奶。33个人很容易把这些仅有的食物换算成能活下去的时间。不知道乌尔苏亚说了些什么、做了些什么，但第一个奇迹发生了，这些习惯了酒肉过活、不受约束、过一天是一天的矿工愿意接受每人每天1勺金枪鱼、1口牛奶，再加上半块饼干。文明的最高形式体现在自觉的自制行为中。在生存无虞的条件下，自觉的自制也只能是间断的行为，所谓仓廪实而后知礼节。在分秒如年、饥肠辘辘的条件下，33位矿工自觉地接受严酷的自制要求。如果没有乌尔苏亚的领导能力，只有圣徒才会如此。

乌尔苏亚的个人领导品性至今仍然是一个谜，但我们后来知道他做了一个卓越的领导者应该做的几件大事：首先，让每个人参与，让每个人看到个人贡献通过集体合作而获得放大效果，让每个人在集体合作中感受到临时的集体心理身份。63岁的老矿工马里奥·戈麦斯成为临时的牧师，每天带领大家祈祷。乌尔苏亚和戈麦斯还将33名矿工分成11组，每组3人，所有的组都被委派了收集水源、打扫卫生、分配补给等工作任务。他们不仅互相监督，也相互竞争。有医疗救护技能的矿工被指派看护有疾病症状的矿工，仿佛执行着社会救助系统的工作。在繁忙的集体互动中，一个地下的小社会形成了。集体的力量让单薄的个人感觉到依靠，产生了希望。

乌尔苏亚和他的"高管"做的第二件大事就是保全生存资源。他们集中可以找到的各种设备。在有经验的老矿工的指挥下，大家收集了井下一切照明资源。有了光，新的生命就开始了。经过大家的努力，他们用一台可钻破岩层的机械成功挖出了地下水。有了水，生命就可以延续。

在暂时稳定生存资源后,乌尔苏亚的团队做的第三件大事是不断派出有经验的矿工出去打探周围环境,寻找任何可能求生的机会。矿工们花费了大量的时间绘制出一份关于周围地形的详细地图。在紧迫的生存环境下,做如此细腻的规划活动,似乎非常荒诞。但正是这些充满希望的荒诞行动点点滴滴地溶解了人心深处的绝望。在沙漠上开垦,永远不会有稻麦的收获,但在忘我的开垦活动中,希望的绿芽不知不觉从心田里生发了出来。只有曾经绝望的人,才可以理解荒诞行动之外的价值。

8月20日左右,乌尔苏亚和他的同伴们听到头上传来熟悉的钻井声。而且这个声音越来越大、越来越近。"我们有希望了!"希望的曙光让所有人欣喜若狂。但经过17天地下"创世纪"般的洗礼,他们很快冷静下来。作为这个临时地下社会的精神牧师,戈麦斯用红色的笔迹在纸上写出:"我们33人都在避难所内,全部安好。"

当时矿工依然在井下生存的消息传递到地面以后,整个世界为之震惊,智利总统亲自参与和指挥了随后的救援活动,世界各国纷纷伸出援手,愿意帮助智利完成这个人类矿难史上的生存奇迹,在其他国家的援助下,科学家们仔细分析了矿井的复杂状况,经过反复论证,决定采取一个最安全快捷的方式,帮助井下的矿工迅速脱离险境,他们在救生孔的附近打了一个直径1米左右的通道,并通过一个特殊设计的胶囊密闭舱,将被困矿工运出地面。经过两个多月的紧张施工,10月14日,在矿难69天后,作为最后一位被救的矿工,乌尔苏亚重新回到了地面。智利总统紧紧地拥抱住他:"头儿,您可以下班了!"

智利矿难营救所创造的奇迹背后,如果没有早期乌尔苏亚领导下的矿工自律有序的自救行动,成功的概率基本为零。这个案例生动地揭示了领导力在面临不确定风险的当下社会,所发挥的关键性的作用。乌尔苏亚作为一个团队的领袖，在团队成员面临严峻的生存威胁时，充分地发挥了自身的卓越领导才能，带领团队的成员，按照科学的方式有条不紊地分配资源和任务，确保最大限度地赢得生存的时间，并最终等来了营救时刻！

这个案例也告诉我们，每个人其实都具备领导力的潜质，只是我们是否能够意识到，并在关键时刻发挥出来。乌尔苏亚在日常工作的几十年当中，并未显现出特殊的领导才能，只是作为一名领班，按部就班地分派各类任务。然而，在面临生死抉择的关键时刻，乌尔苏亚体内所蕴含的领导力潜能被激发出来，并最终带领自己的团队创造了奇迹。

在领导力的学习当中，企业或团队面临的艰巨挑战通常被称为"熔炉时刻"。只有通过日常的不断训练与实践，掌握领导力的各项技能，并能够带领团队通过"熔炉时刻"的考验，管理者才能真正地蜕变成领导者，才能真正地确立自己的核心领导地位。

（资料来源：21世纪经济报道官网）

1.1 领导力是什么

通过智利矿难案例的描述，我们对于领导力的重要性有了一个初步的认知，但是领导力到底是什么？领导到底是什么意思？二者之间有哪些必然的联系？领导者又是什么？他与管理者又有哪些不同？本章将为大家详细地进行讲解。

1.1.1 领导

"领导"作为一个动词时,在中文中按字面意思理解即为"率领与引导";在英文中通常用"lead"来表示,指的是一种活动或者是一种行为,表示带领、引导的意思。在该活动中最关键的含义是"影响他人使他们愿意为达到群体目标而努力"。领导的核心是具备影响他人的能力,因此,领导的本质是影响。当"领导"作为一个名词时,英文通常为"leadership",通常等同于领导者。从这里我们可以看出,领导是一种行为的过程,在该过程中,存在两个对象,即实施领导这个动作的个体与接受领导这个动作的个体,由此,我们就引申出领导者的定义。

1.1.2 领导者

领导者,在英文中用"leader"表示,本意为指明方向的人。从领导者的英文词根来看属于"小径、道路、航行者的路线"。因此,领导者就是指在航海或陆地探险中,将大家组织起来,朝着既定的目标与方向前行的人。从上述的分析中我们可以显而易见地看出,领导者就是实施领导动作的人,也就是能够给他人带来影响的人。与此相对应,领导者必须拥有实施影响力的对象。

1.1.3 追随者

追随者,即愿意接受他人的教导与影响,并按照他人的教导展开行动的人。就其本质而言,追随者并不等同于下属,但是,当一定的条件具备之后,下属就会转变成追随者,上级就成长为领导者。二者是相辅相成的关系。如何让下属转变成追随者并主动愿意接受教导?关键在于管理者自身的转变,是否具备影响下属的能力。普通下属并不等同于追随者,只有当其具备追随者心态时,下属才会成为追随者。有效的追随者通常能够积极主动地完成各项任务,并与他人紧密合作。

国外的相关研究显示，领导者的行为通常会影响追随者的心理反应，并最终影响到追随者的行为与绩效。

1.1.4 领导力

通过上面的层次分析，我们可以看出，领导力是一种人与人之间的关系，是领导者与其追随者之间的关系。领导力的本质是一种影响他人的社会过程。领导者的性格决定领导风格，情境影响领导力的发挥。

在《道德经》中，老子对于领导力的层次进行了详细的总结：

> 太上，不知有之；其次，亲而誉之；其次，畏之；其次，侮之。信不足也，有不信焉。悠兮，其贵言。功成事遂，百姓皆谓"我自然"。

即最高层次的领导者，下属甚至感觉不到其存在，所有的行动都是自发自为的；再往下一个层次的领导者，人们亲近他、爱戴他；更低一级的领导者，人们惧怕他；最差的领导者，遭到下属的嘲笑与侮辱。如果领导者不诚信，就无法赢得下属的信任。行胜于言，圣人行不言之教，在潜移默化中帮助人们自发、自觉地朝着既定目标前进。老子言简意赅的论述，揭示了领导力的本质在于德化，即我们所说的影响力。

1.2 领导者的角色

1.2.1 规划师

如果将企业的发展过程看作是一项伟大工程的实施，那么领导者就是该项工程的总规划师，他负责为企业设计使命、价值观、目标等关键指标,并以此为基础,率领团队擘画整个工程的蓝图,并负责实施与建造,最终将其呈现在世人面前。

1.2.2 愿景的传播者

领导者会将自己的愿景与公司的愿景逐步结合起来,并通过有效的沟通与团队的协作,将公司的愿景与团队的成员紧密结合起来,使每个团队成员,都被公司的愿景打动,愿意跟随领导者去共同实现这个公司的愿景,并为之奋斗。例如,中国共产党在长征期间,通过将自己的革命理想与解放穷苦大众的实际需求相结合,将革命的种子撒遍红军经过的地区,并通过土改使当地的贫苦大众得到实际的利益,从而动员大批穷苦民众加入红军队伍中去,并最终建立了新中国,实现了自己的愿景。

1.2.3 教练

领导者不需要亲自下场成为明星,领导者的职责是引领团队朝着既定目标前进。因此,领导者需要协调各个团队成员的利益,使他们能够协同一致,尽量发挥每个成员的长处,优势互补,从而形成一个高效的团队,并最终赢得胜利。在此过程中,领导者就如同一个教练。譬如20世纪90年代NBA历史上最著名的公牛王朝的出现,当时的芝加哥公牛队刚开始的表现并不出众,随着杰克逊成为公牛队的主教练,公牛队开始出现了脱胎换骨的改变,杰克逊之前作为球员并不突出,只是拥有一个纽约尼克斯队的冠军戒指而已,之前的执教生涯也并无特殊之处,只是公牛队的助理教练,随着他执掌教鞭,杰克逊根据乔丹、皮蓬及罗德曼这三个明星球员的各自特点设计了令对手胆寒的"铁三角"战术,乔丹负责得分,皮蓬负责组织进攻,罗德曼负责抢篮板及防守,其余的成员负责协同,整个公牛队所向披靡,并在1990—1996赛季包揽了NBA的全部总冠军,开创了公牛王朝。之后,杰克逊又来到湖人,再次开创了湖人王朝的时代。杰克逊的成就完美诠释了领导者的教练角色,在他的悉心教导下,先后培养了乔丹、科比这样的超级巨星,并带领球队赢得了胜利。

1.3 领导者与管理者的区别

1.3.1 产生的方式及发挥的作用不同

1.3.1.1 管理者是被组织任命的

管理者拥有合法的权力进行奖惩，其权力来源于职位赋予。领导者可以是任命的，也可以从一个群体中自发产生，此时领导者采用影响力来影响他人而非运用正式权力。

1.3.1.2 不是所有的领导者都是管理者

一个没有职位权力，不参与计划、组织和控制的人，同样能够影响别人。例如，很多企业中有很多德高望重的基层的员工，他们虽然没有什么职务，但是在基层员工中有很高的影响力，如果不理顺他们的关系，管理者在指挥基层员工时，将面临很大的阻力。同样，不是所有的管理者都是领导者，仅靠组织所赋予的权力并不能保证实施有效的领导。那些在组织中自发产生的领导者，其非正式的影响力甚至高于正式的管理者。

1.3.1.3 二者的作用不同

管理学大师德鲁克曾经说过："领导者做正确的事，管理者确保事情做好！"领导者引领变革（例如总统）；管理者负责维持秩序（例如总理）。领导者起到示范效应，并确保方向的正确性；管理者确保事情沿着既定的方向高效实现。

1.3.2 动机及做事方式不同

1.3.2.1 管理者较为被动

管理者只是在执行或完成上级的指令，缺乏独立的思考。领导者更加积极主动，会将组织的目标与个人的目标融合在一起，具有主人翁的精神。

1.3.2.2 管理者注重过程

管理者力求规范。领导者喜欢打破常规，尤其在机遇及高额回报面前，更具冒险精神。

1.3.2.3 管理者从自身角度出发

管理者根据自己的角色与他人发生关联，并强调规范他人的行为。领导者从长远角度出发，关注他人的理念与思想是否与公司的价值观合拍，并随时给予指导。

1.3.3 工作过程不同

管理者的工作程序是通过制订正确的计划、设计规范和标准的组织结构确保有效达成计划的实际实施效果，从而确保企业利益相关者的短期利益。领导者是从长远的角度出发，创造一流的企业，指明未来的发展方向，并说服他人接受愿景，共同朝着既定的目标迈进。

1.3.4 在特定的条件下，二者可以相互转换

在优秀的组织当中，领导者与管理者是并存的，而且在必要的条件下，二者是可以相互转换的。组织行为学的相关研究成果显示，随着管理者职位的变迁，对于领导及管理技能的要求也在不断地变化，通常而言，在组织中的职位越高，需要的领导技能要求也越高（如图1-1所示）。

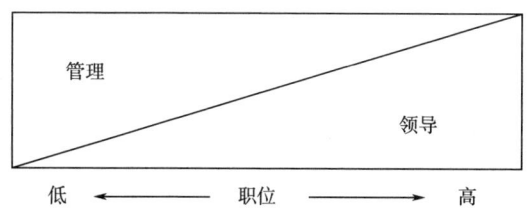

图1-1 不同层次职位领导与管理比例

1.4 领导者的品质

20世纪80年代国外学者进行的一项长达30年的研究显示,在多达20项的领导者相关品质中,真诚以绝对的优势排在领导者品质的首位,紧随其后的是前瞻性、胜任力及激发他人的能力(见表1-1)。

表1-1 领导者品质调查结果

特质	选择该种品质的被调查者的百分比(%)				
调查时间	1987	1995	2002	2007	2012
真诚	83	88	88	89	89
有前瞻性	62	75	71	71	71
有胜任力	67	63	66	68	69
能激发人	58	68	65	69	69
聪明	43	40	47	48	45
心胸宽广	37	40	40	35	38
公平	40	49	42	39	37
可靠	33	32	33	34	35
能支持别人	32	41	35	35	35
坦率	34	33	34	36	32
合作	25	28	28	25	27
果断	17	17	23	25	26
勇敢	27	29	20	25	22
有雄心	21	13	17	16	21
关心别人	26	23	20	22	21
忠诚	11	11	14	18	19
有想象力	34	28	23	17	16
成熟	23	13	21	5	14
有自制力	13	5	8	10	11
独立	10	5	6	4	5

资料来源:James M Kouzes,Barry Z Posner. The leadership Challenge [M]. 5 edition. Sam Francisco:Jossey-Bass,2012.

1.4.1 真诚

该研究有效地证明了领导者的首要任务是取得下属的信任,如果无法达成信任,则所有的后续特质将无法进一步地展开。这与《道德经》所描述的"信不足也,有不信焉"是完全一致的。领导者首要的品质是真诚唯有真诚才能赢得信任。历史上秦国的崛起源于著名的商鞅变法。刚开始变法时,百姓也表示怀疑,商鞅就先叫人在都城的南门竖了一根三丈高的木头,并下命令:谁能把这根木头扛到北门去,就赏十两金子。刚开始,大家都表示怀疑,没人去做,商鞅就将赏金提升到了五十两黄金,此时,有一个人抱着试试看的心态,将木头扛到了北门,商鞅当即兑现赏金,由此赢得了民众的信任,为后续变法工作的开展扫清了障碍。

1.4.2 前瞻性

前瞻性也是领导者的必备素质。我们之前提到过领导者要有指引方向的能力,因此真正的领导者要具备高瞻远瞩的能力,要站在更高的维度去思考与把握问题的本质。例如,在全面抗日战争爆发后,日本叫嚣着要在三个月内灭亡中国,并在半年多的时间,占领了当时的首都南京,当时全国上下弥漫着亡国的情绪,汪精卫认为中国大势已去,与日本勾结成立了伪政府,还有一部分人寄希望于苏联加入战争帮助中国迅速打败日本。毛泽东同志针对当时的情况进行了冷静的分析与深入的思考,在1938年发表了《论持久战》,运用辩证唯物主义的理论从当时中日两国所处的国际、国内环境以及经济、军事、政治等方面进行了综合的分析与论证,并从全国的战略全局出发,批驳了"亡国论"和"速胜论",深刻地论述了抗日战争是持久战,必须经过战略防御、战略相持、战略反攻三个阶段,中国的首要任务是建立国内与国际的抗日民族统一战线,并依靠游击战及运动战的方式消灭敌人的有生力量,赢得国际的关注与支持,从战略防御逐步转入战略反攻,最终取得抗日战争的完全胜利。最后抗日战争的胜利完全印证了毛泽东同志的判断。

1.4.3 胜任力

有胜任能力也是领导者应当具备的一项重要素质。从管理的角度来看，胜任力主要表现为领导者能够迅速带领团队成员产出绩效，并获得团队成员的认可。例如，初出茅庐的拿破仑，由于偶然机遇被任命为镇压巴黎保皇党人暴乱的负责人，当时的巴黎街头贫民窟林立，街道毫无规划，非常容易构筑简易工事，令正规军队无法展开行动，饱受冷枪的攻击，当局为此束手无策，拿破仑当机立断，充分展现了自己的军事天才，直接调出40门大炮毫不留情地对街垒进行轰击，开创了大炮镇压暴乱的先河，并取得了立竿见影的效果，从而成为巴黎的救星，并赢得了民众的拥护。由此可见，要想成为领导者，光凭愿景是不够的，必须要把梦想逐步实现，才能够赢得下属的信服。

1.4.3 激发他人动力

能激发人也是领导者必备的素质。在面临巨大的困难与压力时，领导者必须能够面对"熔炉时刻"，充分激发团队的潜力，从而创造出惊人的成果。苹果的创始人乔布斯就是其中的高手，当苹果在创业初期设计个人电脑时，当时苹果电脑的开机速度需要2分钟左右的时间，鉴于当时的硬件环境与技术条件，与同类产品相比，也属于可以接受的水平，但是乔布斯对技术团队的人说了以下一番话："你们各位知道吗？未来我们的产品至少要卖给上百万个消费者，如果每个人在开机时都需要浪费2分钟的时间，你们算一下，我们在浪费多少人的生命？"工程师听后受到了极大的震撼，当乔布斯再次测验机器的开机速度时，竟然达到了不可思议的8秒钟时间，由此也可看出当时苹果的第一代产品推出就大卖的背后逻辑。乔布斯这种激发下属的能力被人称为"现实扭曲力场"，据说来源于电影《星球大战》，意指能够将正常人不能实现的愿望加以实现，这就是苹果创新的奥秘所在。

小结

领导力从本质而言，就是一种影响他人的能力。领导力的产生离不开领导者与追随者这两个角色，因此，领导力是一种人与人之间的关系，是领导者与其追随者之间的关系。领导力的本质是一种影响他人的社会过程，领导者的性格决定领导风格，情境影响领导力的发挥。

（1）领导者与管理者有以下不同：
- 产生的方式及发挥的作用不同。
- 动机及做事方式不同。
- 工作过程不同。
- 在特定的条件下，二者可以相互转换。

（2）好的领导者应当具备以下优秀品质：
- 真诚。
- 前瞻性。
- 有胜任力。
- 能激发人。

 **案例分析**

鸿门宴

从创业的角度来看，当年的西楚霸王项羽属于名门之后，祖父是楚国的名将项燕。项羽从小就跟叔叔项梁起义反秦，大破秦军主力，楚汉相争期间，也是胜多败少，神勇盖世。但是，项羽为人刚愎自用，不善于激发属下的主动性，门下最好的谋士亚父范增也被逼出走，垓下一战，落入韩信的十面埋伏之中，最终自刎乌江。反观刘邦，创业时已经年过半百，市井出身，属于草根创业，文不如张良、武不如韩信，但是刘邦人生经历丰富，礼贤下士，目标明确，同时能够虚心纳谏，所以手下人才济济，在占领咸阳后能够约法三章，充分树立了汉军的威信，在楚汉战争期间，即使是在极端困难的情况下，依然听从建议封韩信为齐王，充分激发了韩信的主动性，出兵帮助刘邦击败项羽，取得了创业的成功。通过鸿门宴案例，我们来看看刘邦与项羽之间不同的领导力。

楚军将要攻取关中，到达函谷关，因有刘邦的军队把守，不能进入。又听说沛公已经攻破咸阳，项羽非常恼火，就攻破函谷关。于是项羽进入关中，到达戏水之西。刘邦在霸上驻军，还没有和项羽相见，刘邦军队中掌管军政的曹无伤派人对项羽说："刘邦想要在关中称王，让子婴做丞相，珍宝应有尽有。"项羽很生气，说："明天犒劳士兵，替我打败刘邦的军队！"这时候，项羽的军队四十万，在新丰鸿门；刘邦的军队十万，在霸上。范增劝告项羽："沛公在崤山以东的时候，对钱财货物贪恋，喜爱美女。现在进了关，不掠取财物，不迷恋女色，这说明他的志向不在小处。我叫人观望他那里的云气，都是龙虎的形状，呈现五彩的颜色，这是天子的云气呀！赶快攻打，不要错过机会。"

楚军的左尹项伯，是项羽的叔父，一向同张良交好。张良这时正跟随着刘邦。项伯于是连夜骑马跑到刘邦的军营，私下会见张良，把事情详细地告诉了他，想叫张良和他一起离开，说："不要和他们一起死了。"张良说："我替韩王护送沛公入关，现在沛公遇到危急的事，逃走是不守信义的，不能不告诉他。"于是张良进去，将情况详细地告诉了刘邦。刘邦大惊，说："这件事怎么办？"张良说："是谁给大王出这条计策的？"刘邦说："一个浅陋无知的小人劝我说：'守住函谷关，不要放诸侯进来，就可以全部占领秦国的土地而称王。'所以就听了他的话。"张良说："大王的军队足以比得上项王的吗？"刘邦沉默了一会儿，说："当然比不上啊。这可怎么办呢？"张良说："请让我去告诉项伯，说沛公不敢背叛项王。"刘邦说："你怎么和项伯有交情？"张良说："秦朝时，项伯和我交往，他杀了人，我帮他避罪，使他活了下来；现在事情危急，因此他特意来告知我。"刘邦说："他和你年龄谁大谁小？"张良说："他比我大。"刘邦说："你替我请他进来，我要像对待兄长一样对待他。"张良出去，邀请项伯。项伯就进去见刘邦。刘邦捧上一杯酒向项伯祝酒，和项伯约定结为儿女亲家，说："我进入关中，一点东西都不敢据为己有，登记了官吏、百姓名册，封闭了仓库，等待将军到来。派遣将领把守函谷关的原因，是为了防备其他盗贼进来和意外的变故。我日夜盼望将军到来，怎么敢反叛呢？希望您告诉项王我不敢背叛恩德。"项伯答应了，告诉刘邦说："明天早晨不能不早些时候亲自来向项王道歉。"刘邦说："好。"于是项伯又连夜离去，回到军营里，把刘邦的话一五一十报告给了项羽，趁机说："沛公不先攻破关中，你怎么敢进关来呢？现在人家有了大功，却要攻打他，这是不讲信义。不如趁此好好对待他。"项羽答应了。

刘邦第二天早晨让一百多人骑着马跟随他来见项羽，到了鸿门，向项羽谢罪说："我和将军合力攻打秦国，将军在黄河以北作战，我在黄河以南作战，但是我自己没有料到能先进入关中，灭掉秦朝，能够在这里又见到将军。现在有小人的谣言，使您和我发生误会。"项羽说："这是沛公你的左司马曹无伤说的，如果不是这样，我怎么会这么生气？"项羽当天就留下刘邦，和他饮酒。项羽、项伯朝东坐，亚父范增朝南坐；刘邦朝北坐，张良朝西陪坐。范增多次向项羽使眼色，再三举起他佩戴的玉玦暗示项羽杀掉刘邦，项羽沉默着没有反应。范增起身，出去招来项庄，说："君王对待他人仁慈。你进去上前为沛公敬酒，敬酒完毕，请求舞剑，趁机把他杀死在座位上。否则，你们早晚都将被他俘虏！"项庄就进去敬酒。敬完酒，说："君王和沛公饮酒，军营里没有什么可以用来作为娱乐的，请让我舞剑。"项羽说："好。"项庄拔剑起舞，项伯也拔剑起舞，张开双臂像鸟儿张开翅膀那样用身体掩护沛公，项庄无法刺杀沛公。

于是张良到军营门口找樊哙。樊哙问："今天的事情怎么样？"张良说："很危急！现在项庄拔剑起舞，他的意图在沛公身上啊！"樊哙说："这太危急了，请让我进去，跟他以死相拼。"于是樊哙拿着剑，持着盾牌，冲入军门。持戟交叉守卫军门的卫士想阻止他进去，樊哙侧着盾牌撞去，卫士跌倒在地上，樊哙就进去了，掀开帷帐朝西站着，瞪着眼睛看着项羽，头发直竖起来，眼角都裂开了。项羽握着剑挺起身问："你是干什么的？"张良说："他是沛公的参乘樊哙。"项羽说："壮士！赏他一杯酒。"左右就递给他一大杯酒，樊哙拜谢后起身，站着把酒喝了。项羽又说："赏他一条猪前腿。"左右就给了樊哙一条未煮熟的猪前腿。樊哙把他的盾牌扣在地上，把猪腿放在盾上，拔出剑来切着吃了。项羽说："壮士！还能喝酒吗？"樊哙说："我死都不怕，一杯酒有什么可推辞的？秦王有虎狼一样的心肠，杀人唯恐不能杀尽，处罚唯恐不能用尽酷刑，所以天下人都反叛了他。怀王曾和诸将约定：'先打败秦军进入咸阳的人封作关中王。'现在沛公先打败秦军进了咸阳，一点儿东西都不敢动用，封闭了宫室，军队退回到霸上，等待大王到来。特意派遣将领把守函谷关的原因，是为了防备其他盗贼的进入和意外的变故。这样劳苦功高，没有得到封侯的赏赐，反而听信小人的谗言，想杀有功的人，这是延续已亡的秦朝的做法啊。我私意认为大王不采取这种做法好。"项羽没有回话，说："坐。"樊哙挨着张良坐下。坐了一会儿，刘邦以上厕所为由，趁机起身把樊哙叫了出来。

　　刘邦出去后，项羽派都尉陈平去叫刘邦。刘邦说："现在出来，还没有告辞，这该怎么办？"樊哙说："做大事不必顾及小节，讲大礼不需躲避小责备。现在人家正好比是菜刀和砧板，我们则好比是鱼和肉，还辞别什么呢？"于是就决定离去。刘邦让张良留下来道歉，张良问："大王来时带了什么东西？"刘邦说："我带了一对玉璧，想献给项羽；一双玉斗，想送给亚父。正碰上他发怒，不敢亲自献上。你替我把它们献上去吧。"张良说："好。"这时候，项羽的军队驻在鸿门，刘邦的军队驻在霸上，相距四十里。刘邦就留下车辆和随从人马，与拿着剑和盾牌的樊哙、夏侯婴、靳强、纪信四人徒步逃跑，从郦山脚下，取道芷阳小路走。刘邦对张良说："从这条路到我们军营，不过二十里罢了，估计我回到军营里，您就进去。"

刘邦离去后，从小路回到军营里。张良进去辞别，说："沛公禁不起多喝酒，不能当面告辞。让我奉上白璧一双，敬献给大王；玉斗一双，献给亚父。"项羽说："沛公在哪里？"张良说："听说大王有意要责备他，脱身独自离开，已经回到军营了。"项羽就接受了玉璧，把它放在座位上。亚父接过玉斗，放在地上，拔出剑来敲碎了它，说："唉！项庄这小子不值得和他共谋大事！夺项王天下的人一定是刘邦。我们都要被他俘虏了！"

刘邦回到军中，立刻杀了曹无伤。

思考：

1. 从领导力的角度评价项羽的领导风格。
2. 从领导力的角度评价刘邦的领导风格。

2　个人领导力培养法则一
——赢得信任

中国文化……强调"言必信，行必果"、"人而无信，不知其可也"……像这样的思想和观念，不论过去还是现在，都有其鲜明的民族特色，都有其永不褪色的时代价值。

——习近平

在北京大学师生座谈会上的讲话（2014年5月4日）

2.1 新晋管理者的困惑

一个领导者通常是从管理者成长起来的。当我们很多人第一次晋升到管理岗位时,往往会出现以下的情景:

> 在电视剧《大江大河》中,宋运辉第一次成为金州化工厂一个小的维修部门的负责人,手下有两个员工,这两个人都是厂内子弟,好吃懒做。宋运辉刚开始按照厂里的任务布置工作后,作为厂内的技术骨干,他很快将自己分内的工作做完,但是手下的两个员工依然我行我素,对于他提出的工作安排置若罔闻,搞得小宋一开始很是被动。后来,在水书记的指点下,宋运辉逐渐开始采取管理的手段,采取个人工作进度公示的方式,迫使两人努力工作,才坐稳自己的管理位置。

出现上述问题是每一个初入管理岗位的人所遇到的第一个考验——如何得到手下员工的认可。基层的管理者通常都是从优秀的员工中选拔出来,因此,大多数的基层管理者都拥有很好的某个领域技能。但是,当第一次从普通员工晋升为管理者时,很多人还没有做好思维的转变,同时还面临以下挑战。

2.1.1 原有的同事对于自己的晋升所产生的心理落差

由于初级的管理者往往从普通的员工中选拔出来,因此,一旦你成为过去同事的直接领导,以前你们直接的平等关系将发生改变,他们会对你心存戒心,很多新晋的管理者都发现自己被之前的同事疏远了。

2.1.2 自己缺乏管理员工的经验

由于刚刚步入管理岗位,很多新手对于如何带领团队及管理员工茫然失措,不知道从何做起,很多人由于是技术骨干出身,往往用自己的标准来要求下属,容易造成下属的抵触及不配合的情况出现。

2.1.3 将权力凌驾于责任之上

还有一些新晋的领导者认为自己一旦晋升就拥有组织赋予的合法权力,就可以任意地处置下属,而忽略了自己所在位置的职责所在,往往会造成下属的不配合,甚至人员的士气低下或流失。

2.1.4 不信任下属的能力

有些新晋领导者总是担心下属将事情搞砸,随时干预下属的工作,更多地看到下属的缺点,随时都在挑错、找毛病,将员工视为"负债"而不是资产,经常要求下属按照自己的命令行事,不允许下属有任何的自主权。

2.2 赢得信任

要想取得员工的认可,其实并没有想象中的那么困难,关键的一点就是要赢得员工对你的信任。就像第一章中提到的老子所言:"信不足也,有不信焉。"当你无法取得下属的信任时,就无法发挥领导的职能。因此,取得员工的信任是成长为领导者的关键一步,是每一个致力于成为领导者的必备技能。当代领导力大师沃伦·本尼斯提出:"信任是将领导者和追随者凝结在一起的胶合剂。信任度的高低是领导力水平的重要指标。信任是强求不得、购买不到的。信任只能靠'赢取'来获得。"

> 中国工农红军在建立的初期，曾经遭遇了严峻的考验，尤其是在南昌起义及秋收起义相继失败后，整个军队弥漫着失败的情绪，中国共产党正遭受严重的信任危机。毛泽东同志敏锐地觉察到了当时的严重问题，改变了攻打长沙的计划，并以前委书记的名义通知起义各部队到浏阳县（今浏阳市）文家市集结，开展了著名的"三湾改编"，确立了支部建在连上的原则，规定军官不能打骂士兵，建立士兵委员会，参与队伍管理，从而有效地保障了士兵的合法权益，使得工农红军与旧军阀及国民党的军队完全区别开来，并牢牢地确定了党对军队的领导权。通过三湾改编，中国工农红军迅速赢得了广大贫困群众的拥护与支持，并在随后的斗争中不断地发展壮大。

三湾改编的历史告诉我们，要想赢得下属的信任，就必须要做到言行一致。中国工农红军之所以能够在艰苦的环境中茁壮成长，靠的就是三湾改编的原则执行得非常彻底，确保工农红军与旧军阀的军队严格地区分开来，从而赢得了广大人民群众的拥护，使工农红军成为真正意义上的为广大人民群众谋幸福的人民军队。

2.3 认识自我

要想赢得别人的信任，首先就要了解自我，每一个致力于成为领导者的人要反复地对自己进行剖析，了解自己的长处及弱点。我们需要学会让别人评价自己，我们每个人自己眼中的自我与别人眼中的自我有很大的差距。要想认识真实的自己，首先要学会倾听，敢于接受不同的意见与批评，通过不同的视角来了解自己的长处与缺点，并尽量发挥自己的长处，学会与别人合作，利用他人的长处弥补自己的短板。

2.3.1 剥洋葱

比尔·乔治认为:"认清自己就像是一个剥洋葱的过程,洋葱的外壳就是你向外部实践所展现的自己:你的外貌、面部表情、身体语言、服装以及你的表达方式等,在多数情况下,为了免受伤害,这些外壳都是粗糙而坚硬的。"要想了解更深层次的自己,需要打开这些外壳,从而一层一层地了解更深层次的自我,直到你的内核。

2.3.2 反思

曾子曰:"吾日三省吾身:为人谋而不忠乎?与朋友交而不信乎?传不习乎?"中国的儒家文化很好地阐述了作为一个领导者,必须要学会很好地反思,时刻觉察自己的举止行为是否符合自己内心所遵循的价值规范。

2.3.3 接受自己

当你完成了上述的步骤之后,接下来应该学会接受自己。除了欣赏自己的优点之外,还应当接受自己的弱点,并向欣赏自己的优点一样对自己的弱点也加以欣赏。人无完人,每个人都不是完美的,但是我们都要学会正视自己,接受自己的不完美,尽量发挥自己的长处,通过团队的力量来补足自己的弱点,这也是领导力的核心奥妙所在。完成了这一项,将为你找到自己的做人准则与价值观铺平道路。

2.4 以身作则

作为一个管理者,要想赢得下属的信任,必须做到"己所不欲,勿施于人"。为了避免"施于人",就要推己及人,始终想着:如果一个人

"拿一种态度"对待我自己，我不愿意接受，就不应该要求别人去做这种自己不愿意接受的事。在你颁布一条新的规章制度之前，自己要考虑一下，这项制度自己能否遵守。如果不能，果断地把它从制度中删除；如果可以，自己要执行得比其他任何人都要规范、彻底。唯有如此，员工才有可能按照制度的规定执行。

> 刚开始创业的刘强东放下名牌大学毕业生的架子，亲自在中关村的马路边上发传单以吸引企业用户。在决定转行为电子商务模式后，刘强东天天趴在电脑前"给用户回帖"，不辞辛苦，有时凌晨都在回复用户，这是为了增强他对用户体验的感知。在开始决定投资兴建自己的物流中心后，不管工作多么繁忙，刘强东规定自己必须在一年当中抽出一天的时间亲自送快递，在体验一线员工辛苦的同时，通过与实际用户接触，考察自己的物流系统在用户体验中的不足之处。刘强东在京东推行早会制度，每天早上 8 点半开会，大概 20～40 分钟，部门经理以上员工必须参加，除了有约或出差，刘强东都会准时出现在会议室，风雨无阻。凭借自身的勤勉与努力，刘强东成为京东的真正精神领袖，一手缔造了这个被誉为互联网商业奇迹的网上零售帝国。

2.4.1 明确自己的价值观

价值观是一个人做事的基本原则，是一个人行动的底线。学者弥尔顿·洛肯奇将价值观定义为"持久的信念"，并把它分为两个部分，分别是"手段"和"目的"。手段代表如何完成任务，目的代表愿景。国外著名领导力专家约翰·麦克斯维尔提出了关于领导者需要明确并自我反思价值观的三个关键问题：

- 道德价值观——究竟什么是以"对"的理由做"对"的事？
- 理性价值观——你该如何营造与他人相互信任、尊重的环境？
- 成功价值观——什么样的目标值得你去终生追求？

如果每一个管理者都能够全面深入地思考这三个问题，认真地确定相应的价值观，并把它作为自己未来工作及生活的行动指南，那么他将很快完成从管理者到领导者的转换，他的周围将会出现越来越多的追随者。

> 默克公司在第二次世界大战之后，免费将最新发明的链霉素提供给日本，帮助日本消灭了肺结核，并没有任何回报，但时至今日，默克已经成为日本市场销量最大的美国公司。该公司创始人的儿子乔治·W. 默克在70年前的一段话充分显现了公司的价值观——"挽救和改善生命"所带来的巨大引领作用："我们应该记住，医药用于治病救人。我们永远不应该忘记制药是为人而不是为了利润，但利润会随之而来。如果我们记住这一点，利润从来不会消失：记得越清楚，利润就来得越多。我们不能站到一旁去说我们发明了一种新药就已经大功告成了。在我们找到一条有效途径，把我们的最佳成果带给每一个人之前，我们决不能停下来。"默克公司的行为深刻地揭示了默克如何依靠自己创立初始的价值观引领公司的前进并吸引大批优秀员工将自己打造成基业长青的企业的奥秘所在。

2.4.2 公平公正

作为一名领导者，要想赢得下属的信任，必须做到公平、公正，绝不允许出现各种例外及双重标准。制度一旦制定，团队的所有成员必须一律遵行，绝不允许各种依靠不正当手段谋取特权的行为。唯有如此，才能确保下属对你产生尊重，并开始认同你的行为，从而逐步建立信任。

春秋时期，军事家孙武向吴王阖闾进献了自己的兵法十三篇，吴王仔细阅读后又召见他进行了广泛的交谈，内心非常敬佩，但又心生疑窦，在诸侯国间雄辩善谈的说客很多，他们往往缺乏真才实学。为了试探孙武的军事才能，吴王对孙武说："先生所言极是，是否可以试试练兵呢？"孙武答："可以。"阖闾问："可以用妇女试吗？"孙武说："完全可以。"吴王遂从后宫挑选宫女 180 名，领到练兵场上，交给孙武演练。孙武将她们分为两队，指定两名吴王宠妃为队长，执黄旗前导。孙武严肃认真地宣布："你们看着我手中的令旗，听着金锣鼓声，令旗向上，整队起立，令旗指心，队伍前进，令旗指背，队伍退守；左手举令旗，队伍向左行进，右手举令旗，队伍向右行进。"问："大家听清楚了吗？"这些平时娇生惯养的宫女乱喳喳地回答："清楚了。"演练开始，队伍一片混乱。孙武严肃宣布："没有讲清楚，是我为将的过错。"再次说明演练要求、列队动作以及军法纪律以后，进行演练，队伍仍然混乱得很，如是者三。孙武为严肃军纪，要求处斩两名队长，吴王为两名妃子求情，孙子不许，坚持将两名妃子处斩。另选两人为队长，再演练时，所有动作完全符合要求。孙武向吴王禀报："请大王检查，这支队伍已可为王所用，驰骋沙场了。"在公平公正的环境下，即使是后宫的宫女，也可以依靠纪律的约束，训练成合格的士兵。

2.4.3　真诚

"诚者，天之道也；思诚者，人之道也。"孟子的这段话说明，诚信是天道。无论在任何时代，诚信都是赢得他人信任的自然规律所在。在领导者的重要品质研究中，真诚永远排在第一位。由此可见，真诚是赢得员工信任最关键的因素所在。只有通过真诚，领导者才能够传递出积极的信息，员工才能够感受到领导者的诚意，才能够对领导者发布的各项指令逐步产生信任。

> *Piper Jaffray* 投资银行前任主席兼 CEO 泰德·派珀曾经面临经济和法律危机，在公司债券基金连续 5 年每年增长 90% 以后，其公司一位基金经理开始启动一些非常复杂的新型金融衍生工具进行交易，随着 1994 年美国联邦利率的下调，整个基金下跌了 25%，给公司及投资者造成了重大的损失。愤怒的投资者纷纷起诉公司，认为它隐瞒了该基金的巨大风险，要求公司赔偿，整个公司命悬一线。1994 年的春天，派珀已经充分认识到了问题的严重性，甚至想一走了之，但是，他知道，只有全力以赴地解决问题，才有可能摆脱危机。他决定不再隐瞒，首先将所有分公司的负责人及其配偶全部召集到公司总部，他和太太将公司目前的处境和盘托出："我们告诉他们，我们也都是普通人，我们也有同样的感受，我们站在他们面前，直接告诉他们我们也非常害怕。我还告诉他们我开始依赖镇静剂，告诉他们我的信念。这是我们做过的最强有力的事情。由于我们暴露了自己的脆弱，所以相信很多人都会永远记住这一幕。突然之间，整个团队中的每一个人，即使是那些持怀疑态度的人，也开始信任我们了。"派珀表示，如果没有遇到这次危机，他永远都不会如此坦诚地面对公众。恰恰是他的这种真诚，打动了公司的员工，他们开始团结一致，并将这种坚定的信心传递给了投资者，通过相关的法律手段，最终与投资者达成协议，度过了这次危机。[①]

[①] 比尔·乔治，彼得·西蒙斯. 真北：125 位全球顶尖领袖的领导力告白 [M]. 刘祥亚，译. 广州：广东经济出版社，2015.

小结

新晋管理者的困惑是如何赢得员工的认可与尊重。赢得信任的秘诀有以下几点：

（1）认识自我。要想赢得别人的信任，首先要了解自我。要想认识真实的自己，就要学会倾听，敢于接受不同的意见与批评，通过不同的视角来了解自己的长处与缺点，并尽量发挥自己的长处，学会与别人合作，利用他人的长处弥补自己的短板。

（2）以身作则。作为一个管理者，要想赢得下属的信任，必须做到"己所不欲，勿施于人"。为了避免"施于人"，就要推己及人。唯有如此，员工才有可能按照制度的规定执行。

以身作则要做到三点：一是明确自己的价值观。价值观是一个人做事的基本原则，是一个人行动的底线。价值观是持久的信念，它包括手段和目的。其中，手段代表如何完成任务，目的代表愿景。二是公平公正。制度一旦制定，团队的所有成员必须一律遵行，绝不允许各种依靠不正当手段谋取特权的行为。三是真诚。真诚是赢得员工信任最关键的因素所在。只有通过真诚，领导者才能够传递出积极的信息，员工才能够感受到领导者的诚意，才能够对领导者发布的各项指令逐步产生信任。

 **案例分析**

稻盛和夫如何成功拯救日航

2010年1月，亚洲规模最大、世界第三大的日本航空公司（以下简称"日航"）正式申请破产保护。当时的日航负债高达165亿美元，净资产为负77亿美元，其股票总市值仅有137亿日元，只够买一架波音787飞机。与此同时，员工人心涣散，整个企业陷入一种随时倒闭的风雨飘摇之中，为了拯救日航，时任日本首相的鸠山由纪夫亲自登门邀请已经年近80岁高龄的稻盛和夫出任CEO。

2010年2月1日，稻盛和夫正式决定拯救危难之中的日航。当时外界对于没有任何航空业运营经验的稻盛并不看好，认为稻盛不懂航空业，既没有放心的铁杆团队，也没有掌握客源，没有航空业管理技术，没有日航先前的领导人和高管那样令人炫目的资深航空背景，因此几乎没有任何胜算。

临危受命的稻盛却没有这些担心。他回到"作为人，何谓正确"这个原点上来，用纯粹的视角看人，在正式就任日航会长时，稻盛说了这样一段话："实现新的计划关键就在于一心一意、不屈不挠。因此，必须聚精会神，抱着高尚的思想和强烈的愿望，坚忍不拔干到底。"

稻盛和夫一上任并不是大刀阔斧地进行改革，而是首先提出了拯救日航的理由：日航破产将给日本造成重大损失；必须保护5万日航员工的利益；避免全日空垄断，给消费者造成损失。稻盛和夫拯救日航不是为了自己，而是为了国家、日航员工和消费者。因此，稻盛和夫被寄予厚望并得到了广泛支持。

稻盛和夫找出了日航衰败的主要原因：日航人思想意识涣散、不统一。日航服务一直为外界称道，但是已经表面化、程式化了，属于"殷勤无礼"；员工各自为政，按自己想法做事，形不成合力；管理层官僚化很严重，缺乏危机感。为了彻底从内心深处唤起全体日航员工的热情，凝聚重建新生的力量，稻盛在接管后，奋不顾身持续做了以下八件大事：

（1）零薪担任董事长，并付出了不亚于任何人的努力。在许多员工的眼里，稻盛是他（她）们的爷爷或父亲一辈的人，一生与日航没有什么关系，为日航的重建甘愿冒极大个人名誉风险，还愿意不领一分钱，这对于全体员工都是很大的震撼和激励。

（2）宣布并践行赴任的三条"大义"。第一，为了保住留任的3.2万名日航员工的饭碗；第二，为重振低迷的日本经济助上一臂之力；第三，为了保持航空业的竞争态势，让日本国民有选择航空公司的权利。为了生存而做出的裁员决定，稻盛做了很多安排，他发动6 000多家参加自己盛和塾的学员公司，积极为从日航下岗的员工安排工作。17 000名下岗员工中，最后只有170人是因为自己的原因没有实现工作安排。稻盛也对留在日航的员工说，要发奋努力工作，争取早一天让那些下岗的人回来。这也让留下来的人吃了定心丸。

（3）揭示并反复宣传贯彻日航的经营理念，即"追求全体员工物质和精神两方面的幸福"。稻盛始终认为，"只要你爱员工，他们就会爱顾客"。

（4）领导编制《日航哲学手册》并全员推行。这是日航经营的指针，指明了日航今后应该以什么样的思维方式、什么样的哲学为基础来开展经营活动。

（5）组织每月一期干部学习会。每期用一个月的时间对各级主要领导人进行彻底的精神洗礼。讲领导人应有的资质，要求大家以"作为人，何谓正确"作为判断和行动的基准，要求干部成为受到部下信任和尊敬的人，并讲解"经营十二条"原理原则，彻底改革官僚体系。各级经营者的责任意识开始建立，一同上课的人之间产生了强烈的一体感。稻盛的经营哲学渐渐地由高层管理者向中层管理者乃至员工渗透。

（6）每个月开一次员工大会。早在出任日航董事长致辞时，稻盛就表示："企业最重要的财产就是员工的心。如果每名员工都能发自内心地盼望重组、发自内心地配合，我坚信这个企业就能持续发展。"为了鼓舞员工的士气，在日航的所有能抽出来的时间里，稻盛都会走到一线员工之间，跟他们交流、握手、倾听。稻盛在接手日航3个月的时间内，与所有日航的员工见面、握手、打招呼。这种仪式拉近了稻盛和夫与员工的距离，员工们处于振奋的状态，对克服困难也有了信心。

（7）以身作则，率先垂范。接手日航后，年近八旬、身高一米八左右的稻盛和夫都是搭乘日航航班，都坐经济舱，表明与员工同甘共苦的决心。机舱里的乘务员每每在经济舱看到公司董事长时都会，感动得热泪盈眶。

（8）利用盛和塾的巨大影响力帮助日航人重塑信心。稻盛一手创办的盛和塾成为日航重建最大的"外援团"。盛和塾当时已经汇聚6 000余名塾生，分布在日本、美国、巴西、中国等世界的各个地方，很多塾生都是骨干中小企业的明星经营者。另一方面，尽管日航的多数主管都并非盛和塾的塾生，但盛和塾的研讨会依然向他们开放，大家都很主动地去参加，常常拿一些公司经营状况的数据进行案例分析。这种彼此的交流加深了他们的相互了解，也让塾生们更愿意乘坐日航的飞机。为了重振日航，盛和塾印了55万张日航后援团卡片，号召盛和塾的会员们以及他们的家属、朋友、员工都选乘日本航空，并在机场将写有鼓励话语的卡片送给日航员工；稻盛还到各个机场巡访，与员工直接对话，要求一线员工对乘客抱有真诚的感恩。

在稻盛的精神感召下，这些努力不仅改变了乘客的评价，也改变了日航员工的心境，空姐们的播音越来越充满感情，提供各类服务越来越热情、细腻。员工们在乘务长致欢迎词时站在前面鞠躬行礼，提高了送餐送水的效率，观察并满足乘客的需求，及时表达歉疚和感激。为了把准点率做到全世界第一的水平，他们充分做好起飞前的各项准备工作，以分甚至秒作为计算时间的单位。如果被迫推迟起飞，日航也会不惜增加燃油，加速飞行以期准时降落。维修人员也进一步感受到生命的重要和珍贵，从认为"工作就是检查、维修飞机"到认为"我们运送的是珍贵的生命"，安全意识更强了。所有日航人开始为自己和日航的进步而获得成就感，并不断以此激励自己和团队。

最终，截至2011年3月底，在短短一年的时间里，日航在稻盛和夫的手中涅槃重生，从破产的边缘一跃成为全球航空公司盈利第一的企业，创造了企业经营史上的重大奇迹。

思考：

1. 日航经营失败的关键症结是什么？
2. 稻盛和夫如何赢得日航员工的信任并推动了日航的变革？

3　个人领导力培养法则二——共筑愿景

每个人都有理想和追求，都有自己的梦想。现在，大家都在讨论中国梦，我以为，实现中华民族伟大复兴，就是中华民族近代以来最伟大的梦想。这个梦想，凝聚了几代中国人的夙愿，体现了中华民族和中国人民的整体利益，是每一个中华儿女的共同期盼。历史告诉我们，每个人的前途命运都与国家和民族的前途命运紧密相连。国家好，民族好，大家才会好。

——习近平在参观《复兴之路》展览时的讲话

3.1 愿景是什么

想想我们在小的时候，经常会被问道：你长大之后要做什么？成年以后，创业者被问及最多的问题往往是：你的梦想是什么？所有的这些问题，实际上都与我们强调的愿景息息相关。每个人都有梦想，都有自己的美好愿望，梦想与愿景是否存在某种必然的联系呢？答案是肯定的。一个组织的所有人都对某一个美好的愿望产生共鸣，并愿意为之共同奋斗，这就是愿景。

3.1.1 愿景与梦想的区别

3.1.1.1 梦想属于个人，愿景属于组织

梦想一般属于个人范畴，比如我们通常在不同的阶段会对某种生活方式或某种目标产生向往，并愿意为之努力，这就是梦想。愿景是组织的未来规划蓝图，通常属于组织的范畴，同时也将这种蓝图传递给组织的成员，不是个人所独有的。

3.1.1.2 梦想会随时发生变化，愿景在实现前通常不会发生改变

个人在追逐梦想的过程中，往往因为各种原因而中途放弃，并降低自己的标准，或者一开始就认为那是不可能实现的目标而不愿意为之付出努力，这就是所谓的白日梦，通常会受到各种外力因素的影响而发生改变，如同开头我们提到的儿时梦想，有多少人在成年后能够依然坚持？又有多少人能够最终实现？愿景作为组织的规划蓝图，从一开始就与组织的使命相关联，是组织为之奋斗的终极目的所在。正是有了愿景，组织的成员才能够聚集在一起，并在愿景的感召下为之奋斗。愿景是不以组织内个人的意志为转移的，是组织整体的"初心"与"使命"的体现，轻易不会改变。

3.1.1.3 二者在特定条件下可以相互转化

当公司的创始人依靠自己的梦想创立了组织，召集所有的团队成员认同这种梦想，并愿意为之奋斗时，个人的梦想就变成了组织的愿景，组织的愿景也同时成为组织内成员个人的共同梦想。

3.1.2 愿景的魅力

我们在第一章中提到，领导者有三个角色，其中一个重要的角色就是规划师。在选择方向之前，每一个领导者首先要在内心勾画一个具有可能性的、理想性的组织蓝图。当这个蓝图为所有的组织成员所接受，并与之产生共鸣时，它就成为该组织的愿景。愿景是领导者凝聚人心的核心所在。任何一个组织，如果缺乏愿景，那么组织终将是一盘散沙，领导者也无法激励众人朝着共同的目标迈进。

1927年大革命失败之后，年轻的中国共产党遭受了重大的损失，白区损失100%，红区损失90%以上，工作重心被迫由城市转入农村，建立了井冈山革命根据地。面对敌人的疯狂"围剿"，很多党员出现了悲观主义的情绪，中国共产党面临生死考验。在这至暗时刻，毛泽东同志以高瞻远瞩的战略视角，提出了"星星之火，可以燎原"的宏伟愿景，通过书信的形式，逐一驳斥了党内的各类不良思想，在信中运用唯物辩证法，科学地分析了国内政治形势和敌我力量对比，批判了夸大革命主观力量的盲动主义和看不到革命力量发展的悲观思想，提出了农村包围城市、武装夺取政权的战略思想。通过生动形象的比喻，毛泽东同志统一了全党、全军思想，坚定了全党、全军信心，为广大红军指战员规划了中国革命发展的蓝图，并最终带领大家实现了伟大的梦想——建立了新中国。

> 胆大包天的目标可以促使大家团结——这种目标光芒四射，动人心弦，是有形而高度集中的东西，能够激发所有人的力量，只需略加解释，或者根本不需要解释，大家立刻就能了解。
>
> ——吉姆·柯林斯

吉姆·柯林斯在《基业长青》中对"胆大包天"的目标的描述，为我们制定公司的愿景提出了具体可行的方法。胆大包天的目标实际上就是一家优秀公司的愿景，一个好的愿景能够瞬间打动你的员工，吸引更多优秀的人才加入你的团队，就像当年年轻的乔布斯说服百事可乐的总裁斯卡利加入苹果，只说了这么一句话："你是想卖一辈子的糖水，还是跟着我们一起改变世界？"斯卡利在权衡利弊之后，依然放弃了百事可乐总裁职位，加入了苹果这家新兴的创新公司。同样地，如果公司的愿景不清晰，就会造成员工的理解偏差，甚至人心的涣散。从西屋电气与通用电气20世纪90年代愿景宣言的对比就可以明显地看到两者之间的差异（见表3-1）。

表3-1 通用电气与西屋电气愿景宣言的对比

通用电气	西屋电气
在我们服务的每一个市场中，要成为数一数二的公司，并且改革公司，拥有小企业一般的速度和活力	全面品质、市场领袖 科技驱动、全球化 重点成长、多元化

从两家公司的愿景对比可知，通用电气的愿景目标一目了然，能够清晰地将公司的愿景传递给每一位员工，更能刺激大家朝着共同的目标前进。在共同愿景的指引下，通用电气迅速成长为世界企业的典范。反观西屋电气的愿景，给人的感觉是流于形式，空洞乏味，缺乏具体的内容，无法激励员工朝着既定的方向奋斗。最终，西屋电气陷入了四分五裂的境地，其核心的核电业务被卖给了日本的东芝。

惠普前CEO约翰·杨曾经说过这样一段话："成功的公司自上而下都对一系列总体目标持有共识。如果没有共识，再优秀的管理战略也会失败。"这也是领导者与管理者的主要区别之一，领导者带领大家专注于愿景，从而将组织的氛围与精神资源、价值观及工作热情全部点燃，并引领组织前进。本章伊始，习近平总书记提出的中国梦的宏伟愿景，在党的十九大报告中具体细化为两个一百年的目标，并提出了明确的时间表，继而带领全体党员干部，真抓实干，确保脱贫攻坚战在第一个百年目标到达时顺利实现，实现了当代人类历史上的伟大奇迹。中国在脱贫战线的巨大成就再次印证：清晰的愿景是实现专注的必要条件，也是确保领导力能够展现的关键要素之一。

3.2 如何创建愿景

在大多数人的眼里，愿景的规划一定是领导者的事情，通常是领导者以一人之力，凭借卓越的技能及天才的思考规划而成，并带领大家去实施。比如乔布斯、比尔·盖茨这些优秀的公司创始人。然而，随着全球化的加剧及科技的飞速发展，任何一家当代企业如果仅凭负责人的一己之力，很难为组织规划一个长远的为大家所认同的愿景。每个人都有梦想、愿望，都希望未来更加美好，当愿景被组织的所有成员共享时，就能够吸引越来越多的人。当代优秀创业公司的领导者，都是通过自己的美好愿景吸引优秀的人才加入自己的团队，并齐心协力地将愿景变为现实，从而创立一个伟大的组织。为此，创建一个足够激励人心的愿景成为组织成功的关键要素所在，愿景实际上反映了一个人对人性、科技、经济、科学、政治、艺术、道德伦理的基本信念和假设。①

要想创建一个能够鼓舞人心、吸引优秀人才奉献的组织愿景，必须具备以下关键要素。

3.2.1 明确组织的目的与意义所在

对于企业存在的意义，彼得·德鲁克曾经做过经典的阐述："企业的本质就是为用户创造价值！"因此，任何一个组织，如果不能对其目标用户创造价值，将失去其存在的意义。对于组织的领导者而言，发掘出组织

---

① 詹姆斯 M 库泽斯，巴里 Z 波斯纳．领导力——如何在组织中成就卓越［M］．5 版．北京：电子工业出版社，2013：80．

存在的价值，对于激励组织成员，以及团结大家朝着既定的方向去拼搏有着极其重要的意义。一旦一个组织被赋予崇高的使命及价值观，我们就认为它具备了灵魂，会吸引大量的优秀人才愿意为这个崇高的理想去奋斗，而不像普通的企业员工，只是抱着打一份工的被动心态。稻盛和夫说过："要让企业发展壮大，首先，作为经营者，要让员工爱戴你，甚至迷恋你；同时，要给员工讲述工作的意义；然后，要树立崇高目标，就是揭示企业的愿景；要明确企业的使命；还要不断地向员工诉说企业的哲学；要努力提升你们自己的心性。只有彻底贯彻这几项原则，企业才能不断地成长！"

中国共产党在创立的过程中，始终坚持以建立人人平等的社会主义新中国为己任，吸引了大量的仁人志士抛弃各种优厚的待遇，团结一心，艰苦奋斗，最终实现了自己的理想，建立了新中国，并带领地球上人数最多的国家摆脱了贫困，创造了人类历史上的奇迹！

3.2.2　要将组织的存在意义与团队个人的利益进行有效的联结

依据马斯洛的需求层次理论，每个人都有最基本的生理及安全的需求，如果不能为员工提供必要的基本条件保障，即使目标再远大，也难以为继。因此，一定要打通组织目标与个人保障之间的关联，从而使组织成员明白公司的使命与个人的利益是息息相关的，并愿意将组织的目标作为个人的目标来加以统一，这样将极大地激发整个组织的创造力与爆发力，激发团队成员的潜能，使组织实现飞速的发展。

> 稻盛和夫先生本身是技术人员出身，在创立京瓷的初期，他将公司的愿景定义为"看看稻盛的技术到底能不能成功"的简单目标。然而，随着公司的逐渐发展，在创业第三年时，公司面临了一次重大的危机，当时刚刚高中毕业的新员工在公司工作一年多之后，对公司提出了加薪及增发奖金的各项要求，当时的稻盛先生感到非常的愤懑，成立没多久的一家小公司，

生死未卜，前途跌宕，根本无法向员工们承诺什么，况且自己的家人尚在鹿儿岛农村过着窘迫的生活，这些新晋的员工为何向自己提出这等无理的要求？经过与员工的艰苦谈判，稻盛和夫勉强说服了员工，但是，该事件的发生使其重新审视自己创立企业的初心，如果企业只是为了体现创建者的野心，而无法与员工发生关联，那么企业一定无法真正做好。为此，稻盛和夫经过深思熟虑并与员工认真地探讨，最终形成了今天京瓷公司的愿景："在追求全体员工物质和精神两方面幸福的同时，为人类社会进步和发展做出贡献。"这样的企业愿景，有效地将员工的个人利益与企业的存在价值紧紧地结合在一起，使员工从内心深处产生共鸣，愿意为公司的发展竭尽全力。作为领导者，也可以问心无愧，不受任何牵制，一方面鞭策自己，另一方面激励下属，不断地将事业推向前进。

3.2.3 将愿景细化成可以明确描述的目标

如何将愿景与组织的目标有效地结合起来，是领导者需要体现的关键价值所在。通过愿景唤起大家的专注，将专注引入具体的组织目标中去，这是领导者的核心工作。稻盛和夫指出："明确目标，无论碰到什么困难都要实现目标，这是企业领导者的必备素质！"

在设定目标的过程中，要遵循以下三个步骤。

3.2.3.1 确立量化的具体目标

领导者要找出一个全体组织成员能够接受范围内的最高具体数字，把它作为具体的目标，然后，将这个目标进行分解，使团队的全体成员都能够明确自己的个人目标，并共同拥有这个具体目标。

3.2.3.2 将年度目标进一步地分解

不但要设立完整的年度目标，还要进一步地把年度目标分解为月度目标，使所有的组织成员都能够认真地对待自己每一天的进度，确保目标落在实处。

3.2.3.3 对目标进行赋能

领导者不仅要揭示目标，而且要让团队的成员相信目标一定能够实现。目标一旦确定，对于目标数字的意义以及如何才能够实现目标的方法，领导者都要与下属进行深入的探讨。领导者要反复思考如下问题：为了让下属理解并接受你的主张，你自己的思考是否到位？你的话是否触达对方的内心深处？你究竟倾注了多大的热情向下属传递自己的思想？稻盛和夫将此喻为"以渗透到潜意识的、强烈而持久的愿望和热情，去实现自己设定的目标"。

3.3 如何构筑愿景

在构筑组织愿景方面，很多人不知道该如何下手。实际上，如果我们深入地研究历史，就会发现大多数的愿景通常并非来自领导者本人，而是由他人提出的。比如，在三国时代，诸葛亮初出茅庐为刘备制定了三分天下的愿景。中国共产党的创立来源于俄国十月革命的胜利以及苏联在早期经济建设中取得的巨大成就。毛泽东同志通过大量的实地调研经验与大量地阅读中文历史、哲学名著，并在中国革命的实践当中集思广益，逐步形成了凝聚全党智慧的毛泽东思想，并开创了中国特色的马克思主义思想理论。

由此我们可以看出，愿景的形成并不是一蹴而就的，而是在组织的发展过程中，在实践与探索的过程中，逐步清晰并得到所有组织成员的共同认可。因此，在愿景的产生与组织的产生之间有一个相辅相成、不断完善的过程。

3.3.1 愿景的产生方式

3.3.1.1 自上而下产生

我们在第 1 章中阐述过，领导者的一个重要角色是愿景的规划师。很多公司的愿景来源于领导者或创始人本身，后来在公司的发展过程中不断得到强化，并被大多数的人所认可，最终形成公司的愿景。这是传统公司愿景最常见的一种产生方式，也是最容易被大多数人所理解的一种方式。这种方式特别强调领导者对于愿景的传递能力，要求领导者能够以生动形象的语言，为组织的成员描绘出一个清晰可见的愿景，并说服他们认同。

3.3.1.2 共同讨论产生

卓越的领导者不会将自己的愿景强加给他人，而是鼓励组织的每个成员建立各自的愿景，释放组织成员内心已经存在的愿景，唤醒人们的梦想，激发人们的活力，感召人们相信自己一定能够完成伟大的事业。当组织的成员开始互相分享各自的愿景时，领导者会将这些个人的愿景带入到谈话的情景中，使团队的成员认识到，真正驱动团队前进的，是他们正在从事的一项震撼人心的事业，这个事业需要团队的全体成员去共同完成，它将在未来改变团队成员的家庭、朋友、顾客及社会，困境时期尤其如此。人们需要了解他们正在做的事情的意义到底是什么。唯有如此，才能将公司的愿景与个人的愿景进行完美的结合与匹配，从而形成共同愿景。

3.3.2 独特性的魅力

引人入胜的愿景会让你的组织显得卓尔不群，独特的定位会让你区别于其他的组织，吸引大量优秀人才的注意力。相关研究表明，独特性能够带来自豪感，它使组织的相关成员感受到自尊、自重。当人们感到为组织工作、为实现组织目标贡献力量很骄傲，他们所做的一切都非常有意义时，他们就成为向外部世界传播信息的热情使者。福布斯每年都会发布一个最受雇员欢迎的公司排行榜，作为榜单的常客，谷歌及微软的员工通常更愿意成为公司的义务形象宣传大使。

3.3.3 愿景产生四部曲

3.3.3.1 愿景审查

为了更好地为组织制定愿景，作为组织的领导者，可以将大家召集到一个固定的场所，集思广益，对组织的使命、价值观及战略进行系统全面的讨论与梳理，想象未来各种可能的画面，允许每个团队成员提出天马行空甚至荒诞不经的想法。将所有的想法都用一个个纸条粘贴在团队成员前面的一个巨大的白板上面。

3.3.3.2 范围框定

根据公司的价值观、使命，对各个想法的小纸条进行分类，并梳理成不同的范围；同时，依据公司的使命将范围进一步地缩小，直到开始形成几种越来越清晰的方向。在这个过程中，不断地引导团队的每一个成员参与讨论，发表自己内心的真实感受，直到最后的范围方向被大多数团队成员所认同。

3.3.3.3 承继探讨

在上述愿景范围的基础上，基于外部的环境及行业的特点，深入探索对于新愿景的形成具有影响作用的趋势和发展过程。引导团队成员对于未来的科技、竞争以及整个行业的潜在变革进行全面的讨论，为自己组织的未来发展明确目标。

可以尝试回答以下问题：

（1）有哪些机构与组织的未来有利益关系？他们希望出现怎样的情况？

（2）有哪些指标能够说明组织的绩效水平？如何测量？

（3）如果组织继续沿着当前的道路走下去而不做大的改变，结果会如何？

（4）如果组织的外部环境将要发生重大的变化，你可以得到哪些早期的预警信号？

（5）你可以采取何种方式来改变当前的进程？这样做的后果会怎样？

（6）你的组织具有或者可以获得哪些资源供各种可能的未来条件下使用？

（7）在组织及其所处环境的各种可能的未来情况中，哪一个最有利于组织的生存和成功？

3.3.3.4　愿景选择

在前面讨论的基础上，列出备选的愿景，经过组织成员的整体评估，最终选出自己需要的愿景。领导者必须秉承这样一种理念："我们已经看到了这个组织可以变成什么样子，我们也知道这个愿景将带来怎样的后果。现在我们必须要行动起来，将它变成现实。"

小结

何谓愿景：一个组织的所有人都对某一个美好的愿望产生共鸣，并愿意为之共同奋斗，这就是愿景。

（1）愿景与梦想的区别：

- 梦想属于个人，愿景属于组织。
- 梦想会随时发生变化，愿景在实现前通常不会发生改变。
- 二者在特定条件下可以相互转化

（2）如何创建愿景：

- 明确组织的目的与意义所在。
- 要将组织的存在意义与团队个人的利益进行有效的联结。
- 将愿景细化成可以明确描述的目标：确立量化的具体目标；将年度

目标进一步地分解；对目标进行赋能。

（3）如何构筑愿景：

- 愿景产生的方式：自上而下产生；共同讨论产生。
- 独特性的魅力。
- 愿景产生四部曲：愿景审查；范围框定；承继探讨；愿景选择。

案例分析

福耀玻璃的愿景——为中国人造一片属于自己的玻璃

曹德旺在创立福耀玻璃时，就以"为汽车玻璃专业供应商树立典范"为己任，立志为中国人做出属于自己的汽车玻璃。到1993年上市时，福耀玻璃已经成长为中国最大的玻璃供应商。在福耀玻璃快速发展的过程中，曹德旺也面临过诱惑，经历了短暂的多元化。

当时海南的房地产热，引发了全国的地产投资狂潮。受此影响，福耀在第一次用配股方式拿回来的巨额资金中，拿出2 500万元投资福清市的"福耀工业村项目"。1991年，福耀玻璃的招股说明书中是这样描述福耀工业村的前景的：已着手筹建福耀工业区，计划在公司近旁征地800亩，连片开发，兴建标准厂房、商店、住宅楼房，形成高质量的汽车配件城。按照当时制订的开发方案，福耀玻璃在工业村项目中占股51%，宏路镇以土地入股，联合福清市政府和当地农业银行占股共49%。然而，事情的发展却远不如当初计划的那样美好，"做了以后就发现钱不够了"，这是曹德旺最大的感受，做玻璃的钱还不够付那边的利息，工业村是福耀控股的，报表要并进来，企业一下子面临亏本。而且，福耀玻璃与施工方还因工程质量问题产生了纠纷，双方闹上了法庭，工业村项目陷入停滞，挤占了福耀大量的资金，当时福耀的资产负债率高达68%。

在那段时间里，曹德旺背负着巨大的压力：如果上市公司在他的手上倒闭，他就成了蛀虫，会留下千古骂名。为此，他冥思苦想，并四处找高人指点。在朋友的引荐下，曹德旺找到了香港交易所的梁总监，曹德旺拿出公司的报表，请她为公司把脉，对方翻了几页福耀的报表，就直截了当地说："你这是垃圾股！要是投资者喜欢玻璃，就会投资玻璃；喜欢房地产，就会投资房地产。可你们这家小小的公司，竟然既做玻璃，又做装修，还做房地产，谁敢买你的股票？"听了梁总监的话，曹德旺脸色发青，但是他很快调整了自己的心态，虚心向对方讨教。梁总监说："一家公司只有专业化，才能写出好的招股书。你应该看看自己擅长做什么，其他的就重组掉。"

梁总监的话让曹德旺受到了很大的启发。在接下来机缘巧合对美国福特博物馆的两次考察中，曹德旺发现：1876年，美国就有道琼斯指数了；1882年，就有华尔街日报专门报道指数了；1900年，美国联邦农业人口占总人口的60%；1916年，美国的汽车企业工厂有546家。经过比较，曹德旺敏锐地发现中美当时的经济差距竟达100年，100年前美国人在做什么，我们就可以做什么。100年前，美国人就有了卡耐基钢铁、PPG玻璃、佳殿玻璃，其中PPG创立于1881年，比1987年成立的福耀早了106年。无论是钢铁还是玻璃，现在在美国依然发展得很好，为什么？因为它们都是传统工业，是基本建设所需。福耀应该做什么已然明晰——玻璃。

经过一年多的反思与调研，以及对美国福特博物馆的考察，一个清晰的蓝图在曹德旺的脑海里形成：第一，必须对福耀进行一场全面的、以提高段位为目的的重组与改造。第二，明确汽车玻璃为专营主业。第三，清理掉遍布全国的几百家销售部。第四，改组公司董事会，引进董事制度，以完善公司的治理机制。在此之后，曹德旺卖掉了房地产业务、加油站业务及旗下的装修公司，所得资金全部投入到福建万达汽车玻璃有限公司的建设，从此专注于为"中国人造一片属于自己的玻璃！"

曹德旺说："我悟透了一个道理，你应该做你最喜欢做的，最擅长的产业，而不是什么都做，因此我们走专业化道路，福耀只做汽车玻璃……多元化是一个误区，一个人的经验有限、精力有限、资金能力有限、对企业的管理能力有限……多元化失败，其实就是不务正业！"①

思考：

结合愿景产生的步骤，谈谈福耀的愿景是通过什么样的方式实现的。

---

① 严碧华. 曹德旺的专注 [J]. 民生周刊，2015（18）.

4　个人领导力培养法则三——
持续进取

每一个时代最杰出的领导者都是那些为自己设定生产定额而不断地去突破它的人。

——托马斯·沃森，IBM创始人

任何一位领导者在成长的过程中，都会遇到各种各样的困难与挑战。领导者只有直面各种困难，主动带领大家迎难而上，战胜困难，才能赢得尊重，并在更大的困难面前，不断进取，最终取得成功。毛泽东同志是其中的典型代表。在毛泽东同志被确立为我党的领导核心之前，中国共产党经历了巨大的磨难，一度陷入生死存亡的境界。毛泽东同志凭借自己高超的沟通技巧及高瞻远瞩的战略眼光，说服了党内的主要领导同志，召开了著名的遵义会议，纠正了以王明为代表的错误路线，带领红军四渡赤水、强渡大渡河，彻底跳出了蒋介石的封锁包围圈，并带领红军北上抗日，赢得了全国人民的拥护。在毛泽东同志的战略思想指引下，红军很快摆脱了被动挨打的局面，并在随后的战争中不断发展壮大。毛泽东同志也在不断带领红军战胜敌人的过程中逐步确立了在中国共产党的核心领导地位。

　　由此可见，作为领导者，要想真正被下属所认可，光靠愿景的指引是不够的，关键是要做出成绩，实现绩效，唯有如此，下属才会对愿景建立信心，才能够激发下属的巨大潜能，使其逐步转变成追随者。在这个领域，没有任何人可以弄虚作假，你只有确实为组织带来了改变，为组织创造了绩效，别人才会信任你，并愿意成为你的追随者。

　　领导者要想取得绩效，必须不断进取，不能安于现状。很多在创业初期表现优异的组织，由于领导者安于现状、不思进取，很快就被竞争对手所超越，最终一蹶不振。例如，中国互联网电商领域的早期创业明星当当网，号称中国版的亚马逊，销售的商品也是以图书出版为主，利润丰厚，在美国上市后一直固守自己的品类，并未积极向其他业务版块拓展。很快，京东发现了图书品类的巨大利润空间，迅速切入进来，通过更低的价格和更快捷的物流配送吸引了大批的用户，当当的核心业务受到严峻挑战，同时由于其经营品类单一，缺少有效的应对手段，最终当当网未能更进一步，而是逐渐消失在互联网电商巨头的名单里，而京东却凭借自己高效的物流及全品类的运营，最终成为互联网电商的领军人物。居安思危、持续进取是每一个组织的领导者必须采取的重要行动。可以通过以下的步

骤,来帮助领导者更好地持续进取、提升绩效。

4.1 鼓励组织内部创新与变革

作为一名领导者,必须时刻保持警觉,随时关注外界的环境,洞悉市场变化的趋势,带领团队认真对待各种不确定的风险,不断跳出固有的思维,挑战当前的舒适区,随时推动创新与变革的产生。优秀的领导者深信,不能一味地保持常规,必须改变人们做事的方式。领导者可以通过积极主动发现创意、营造积极主动的创新氛围和点燃员工的激情来鼓励组织内部创新与变革。

4.1.1 积极主动发现创意

随时保持一双慧眼,观察组织中的各个环节与流程,同时充分地授权员工畅所欲言。鼓励员工提出创新与改进的想法与思路,并关注其后续的发展与实践;鼓励员工关注各种售后服务中用户的抱怨与投诉,并将其视为改进与创新的源泉。领导者应当营造一种氛围,让员工随时感受到创新的魅力与意义所在。

> 创造明天,就必须对自己许下诺言,一定要有系统地抛弃昨天……唯有有系统地抛弃昨天,组织才能把现有资源,尤其是最稀有的资源——优秀人才——用于创造新事物。
> ——彼得·德鲁克

通用电气(GE)CEO 杰克·韦尔奇曾经说过:"我从来没有一次思考过如何维持企业的生存,我的志向在于不断地变革,今日的 GE 与昨日的 GE 迥然不同。"在韦尔奇的带领下,百年老店 GE 重新焕发出了创新的活力。在"数一数二"战略的指引之下,GE 不断地对组织进行变革与创新,砍掉了很多传统的经营效率低下的项目，聚焦于能够体现 GE 核心竞争力的项目，公司的运营效率大幅提升，GE 也由此成长为最受尊敬的美国企业。由此可见，只有变革，只有不断地、反复地进行创造性的活动，企业才能持续成长发展。相反，如果只想维持现状，只是墨守成规，企业就会陷入官僚主义和形式主义的泥潭，最终必将走向衰落。

4.1.2　营造积极主动的创新氛围

领导者作为一个教练，必须能够在组织中营造出一种积极主动的氛围，保证所有的团队成员都能够主动地承担创新的责任，并享受创新的乐趣。领导者要充分地营造一种宽松、开放、包容的创新氛围，鼓励员工进行头脑风暴。3M 公司是这方面发展的典范。早期的 3M 公司名不见经传，1914 年，时任 3M 公司的年轻总裁威廉·麦克奈特投资 500 美元开辟出一个 5 英尺×11 英尺[①]的角落储藏室，作为公司的第一个实验室。与此同时，他颁布了 15% 法则，这个法则规定：研发人员每个星期可以拿出 15% 的工作时间，用来研究自己感兴趣的东西。规则一出，很多人不以为然，认为纯属浪费公司的资源。然而，短短几年时间，通过该实验室先后涌现出研磨砂纸、透明胶带、便利贴等一系列的明星产品，3M 也成为创新企业的典范。

4.1.3　点燃员工的激情

领导者要反复阐述组织产品及服务的意义与价值所在，让员工内心深处产生一种强烈的责任感与自豪感，进而主动地挑战公司的现状。当年稻盛和夫开始创建京瓷公司时，虽然是制作精密陶瓷，但实际上是非常枯燥、非常辛苦的工作，刚招进来的员工一上岗，马上就会满身灰尘、汗流浃背。员工们一点儿也感觉不到这是高科技的活儿，体会不到工作的意

---

① 面积约为 5.1 平方米。

义。当时稻盛先生为了激发大家的积极性与工作热情，在晚间下班后，经常将大家召集在一起，讲下面的一番话："大家日复一日，或揉粉、或成型、或烧制、或研磨，或许大家觉得这是单调又无趣的工作，但绝非如此，现在大家手头的研究，具有学术上的价值。无论是东京大学的教授、京都大学的教授，还是从事无机化学研究的专家们，至今没有一个人在着手进行这种氧化物烧结的实用性研究。我们现在是在研究最尖端的技术，我们的工作意义重大。我们现在所做的课题，全世界也只有一两家公司在做，堪称全世界最先进的研究开发。这种研发一旦成功，我们的产品将被广泛使用，将对人民的生活做出巨大的贡献。而这个社会意义重大的研发工作成功还是失败，完全取决于你们，取决于你们每天的工作。拜托你们了！"[①] 在稻盛先生的反复阐述下，京瓷的员工产生了巨大的责任感与使命感，工作热情高涨，不断地突破自己。在所有员工的共同努力下，京瓷公司最终成长为精密陶瓷领域中的高精尖企业。

4.2　从外界寻求好的创意

好的领导者不仅从内部鼓励创新，同时也重视外界环境的变化。他们随时关注市场的发展趋势以及技术创新所带来的行业变化，并关注外界的标杆企业。在对公司的相关业务进行变革时，他们通常会问以下的问题：

- 如果是阿里，他们会如何管理我们的数据？
- 如果是迪士尼，他们会如何对待我们的客户？
- 如果是福耀，他们会如何节约我们的成本？
- 如果是京东，他们会如何重新设计我们的供应链？

哈佛大学的亨利·切萨布鲁夫对开放式创新有着深入的研究，他认

---

① 稻盛和夫. 领导者的资质[M]. 曹岫云，译. 北京：机械工业出版社，2015.

为，并非所有的聪明人都在为你工作。企业外部的创意能够创造新价值，但是这也要依靠内部的研发工作去具体实现。首先建立一个更好的商业模式要比贸然地冲向市场好得多。如果你最大限度地利用了企业内部和外部的所有创意和新点子，那么你一定会成功。你不仅应当从别人对本企业的知识产权的使用中获利，还应该积极地购买别人的知识产权，只要它能改进本企业的经营模式。你应当进一步扩展研发工作的角色范围；它不仅仅包括知识技术的发明创造，而且还应该起到知识中介的作用。只有在有一种切实可行的商业模式能够成功地把创新商业化的情况下，创新的价值才能得以体现。①

> 2000年，宝洁新任CEO雷富礼上任伊始，作为日用消费品巨头的宝洁正面临重大的考验，20世纪90年代宝洁激进的并购主义使得2000年宝洁的股票大跌，投资者的回报率下降了35%。任期之初的90~100天内，雷富礼亲自与宝洁的员工、客户、供应商交谈。他发现员工的行为缺乏指导性和方向性。雷富礼感觉到，"我们有杰出的人，他们感觉每天都有很多事情要做，但又不确定这些事会带来什么变化。现在的问题是我们资金投入过多、对研发的投入过多"。在开放式创新理念的指引下，雷富礼果断作出调整，知名的Connect & Develop（以下简称"C&D"）战略应运而生。宝洁的"C&D"创新模式，就是与世界各地最有创意灵感的聪明人联系起来，开发能够提高消费者生活水平的产品。它允许内部和外部知识在追求市场发展的过程中互相渗透、消除界限。在该战略的指引下，宝洁坚持以客户需求为导向，通过互联网与外部专家合作，全球征集各种解决方案，并获得了巨大的成就。比如宝洁在研发一款新型

---

① 亨利·切萨布鲁夫. 开放式创新——进行技术创新并从中赢利的新规则［M］. 金马，译. 北京：清华大学出版社，2005.

的牙膏时，遇到一个难题，其中一个特殊成分用化学的方法很难添加到牙膏中去，即使能够做到，成本也非常高，于是通过外部征集解决方案。在网络上面，一个美国的物理学家用了一个非常简便的物理方法，即在牙膏最后灌装前，先在牙膏管上布满负电荷，这样就很轻松地解决了困扰宝洁的难题，而宝洁为此仅付出了两万美元的奖金。C&D 战略的实施，迅速地降低了宝洁的研发成本，使宝洁的盈利能力大幅提升。

4.3 积极尝试并承担责任

华为创始人任正非在 2010 年已经逐渐认识到智能手机未来在移动互联网时代的重要意义。2011 年余承东正式接任华为手机业务的 CEO，在此之前，华为的手机业务一直是作为配角，华为主要为各大运营商贴牌定制手机，利润低下，华为手机"黯淡无光"，公司一度想要卖掉华为的手机业务。余承东接手后，马上提出了砍掉传统的运营商贴牌业务，专注于做自有品牌手机的研发，并且提出了很多创造性的想法。早期的产品由于自身技术的不成熟，频频死机，在此期间，华为手机一方面失去了传统运营商的定制机市场，成本大幅度上升；另一方面，独立发展的手机业务迟迟见不到成绩。余承东遭遇了公司内部元老的联合抵制，关键时刻，任正非果断地站在了余承东的一边，在公司内部提出："不支持余承东的工作就是不支持我！"自此，余承东得以大胆地实施自己的研发战略，果断地将华为研发的麒麟芯片应用到自己的手机当中去，并亲自率领技术团

> 队，逐一解决当前手机的各个问题，经常工作到深夜，通常在凌晨还在微博中发布自己的最新进展。在这种精神的激励下，2014年，华为手机终于迎来了高光时刻，Mate7上市之后市场表现一路攀升，获得了消费者的追捧。自此华为手机成功逆袭，开启了属于自己的智能手机时代。余承东曾多次在公开场合表示对任正非的感激，他说："任总给我挡过很多很多箭，否则我没有今天的机会……任总给我们最大的激励就是：要不满足，要不断地挑战，要不断地奋进，要做得更好……"

从华为手机成功逆袭的例子中我们看到，任正非作为一个领导者，在看到传统手机业务高度依赖运营商的传统渠道的弊端后，果断地实施变革，重塑华为品牌的形象。为此，他选定了余承东作为推动变革的负责人，并在变革初期遭遇挫折时，果断地支持余承东的战略，给予对方充分的信任，将所有的责任都揽在自己身上，使余承东能够全身心地投入到变革当中去，从而使手机业务成长为华为的消费者事业部，并为华为公司带来巨大的利润贡献。

4.3.1 积小胜为大胜

每一个组织在开始实施变革的过程中，都会受到各种习惯势力的阻碍，这些势力有些来源于企业的文化，有些来源于传统的业务与技术路线。作为领导者，要想推动变革或创新的发生，就需要从大处规划，小处着手。变革初期，大部分人都秉持着怀疑的态度，不知道变革是否能够为组织带来绩效。为了确保变革的顺利进行，领导者可以先从一些容易改变或做到的细节着手，以实验的方式展开试点，发动有积极性的员工加入进来，在取得初步的成果后，逐渐吸引更多的员工加入进来。在取得了一系列的突破之后，员工就会开始信任你，并愿意跟随你展开变革之旅。

4 个人领导力培养法则三——持续进取

> 抗战初期，国民党军队在战场上连连失利，举国上下充满了战败情绪，中国共产党领导的八路军认真对比了敌我双方的优势与劣势，充分发挥了毛泽东思想的精髓，利用日本军队狂妄自大的特点，避实击虚，采取伏击战的方式，取得了著名的平型关大捷及雁门关大捷，极大地鼓舞了国人的信心，同时也为中国共产党赢得了广大人民群众的高度信任。接下来，八路军在敌占区积极开展敌后武装斗争，采取化整为零的方式，运用游击战的战术，不断地袭扰敌人的各项基础设施，并在战斗中不断消耗敌人的有生力量，同时积极发动群众，不断扩大自己的队伍与实力。此后，八路军队伍不断壮大，发动了震惊中外的百团大战，极大地削弱了敌人的基础设施与后勤补给。八路军在战斗中不断发展壮大，从创建初期的三个师的编制成长壮大为百万大军，最终赢得了抗日战争的伟大胜利。

4.3.2 将目标进行细分

这个在前面的章节我们也提到过，在愿景产生时，可以将愿景细分成具体的目标。在变革的过程中，领导者同样也可以采用相应方法，将变革作为一个阶段性的目标，同时再将目标进行进一步的细分，最终拆解成可以落实到每一个员工都有明确的实施计划的程度。通过不断发动员工参与到目标的拆分与实施的过程，确保变革能够顺利地进行。

4.3.3 强大的心理素质

要想成长为一名真正的领导者，必须具备在逆境中带领团队杀出一条血路的能力。领导者在面对巨大的挑战时，通常被称作"熔炉时刻"。只有具备强大的心理承受能力的人，才能在压力面前迸发出巨大的能量，从而带领团队在熔炉的淬炼中得到升华，变得更加强大。在面对挑战时，普通人如何通过训练能够具备领导者的抗压能力呢？我们可以从以下几方面入手。

4.3.3.1 专注于当下

在巨大的压力面前，我们必须学会专注于眼前事务的解决方法，心无旁骛，执着于当下，甚至进入到某种疯狂的境界。就像电影《霸王别姬》中段小楼对于程蝶衣的评价——"不疯魔，不成活儿"，做到"衣带渐宽终不悔，为伊消得人憔悴"。当进入到这个境界时，往往会福至心灵，最终找到解决的方案，并带领团队取得突破。

4.3.3.2 保持乐观的心态

要学会转换思维，用辩证的方法看问题，将压力与困难看作重大的创新与突破的机会，并不断地鼓励大家，将困难视为一种挑战的乐趣，调动大家的积极性，共同应对解决。

4.3.3.3 勇于面对的决心

要具备针对困难迎难而上的决心与勇气，不逃避，不退缩，直面各种困难与挑战，并坦诚地与团队进行沟通与交流，将自己坚定的信念与决心传递给团队成员，激励团队的士气，使大家共同迎难而上，齐心协力应对挑战。

第二次世界大战后期，战斗机的最大速度已超过每小时700千米。要进一步提高速度，就碰到所谓的"音障"问题。声音在空气中传播的速度，受空气温度的影响，数值是有变化的。飞行高度不同，大气温度会随着高度而变化，因此该处音速也不同。在国际标准大气情况下，海平面音速为每小时1 227.6公里，在11千米的高空，是每小时1 065.6千米。时速700多千米的飞机，迎面气流在流过机体表面的时候，由于表面各处的形状不同，局部时速可能比700千米大得多。当飞机再飞快一些，局部气流的速度可能就达到音速，产生局部激波，从而使气动阻力剧增。这种"音障",曾使高速战斗机飞行员们深感迷惑。每当他们的飞机接近声速时,飞机操纵上都产生奇特的反应,处置不当就会机毁人亡。空气动力学家和飞机设计师们密切合作。进行了一系列飞行试验,结果表明:要进一步提高飞行速度,飞机必须采用新的空气动力外形。

1947年10月14日,美国飞行员查克·耶格尔首次突破了音障这个无形的魔咒,从而使人类跨入超音速飞行的时代。根据之前相关科学家的研究数据,这个障碍很难被突破,甚至有的科学家预言,飞机在飞到1马赫的时速时可能面临解体的风险,飞行员甚至会出现失音、年龄倒退及严重的生命危险,然而,当耶格尔驾驶的贝尔民航飞机达到了每小时1 127千米(1.06马赫)的速度时,他在自传中写道:"飞机速度越来越平稳,突然,马赫表指针波动,指向0.965马赫的速度。接下来,指针又倾斜到刻度线之外。我想我有了幻觉!我们超过了音速,但飞机非常平稳,稳到奶奶可以坐在那里喝柠檬汁。我很震惊。在经历了不安和期待之后,打破音障原来就这么回事。未知的音障不过就是穿越果冻,这是一条铺得很好的高速公路。后来我知道,那次飞行必须以降速告终,因为真正的障碍不在空中,而是我们关于超音速飞行的知识和经验。"

在领导力的征程上,我们时刻都面临着音障这样的挑战,真正需要领导者克服的是挑战音障背后固有的知识与经验,他们不能满足于在当下依然驾驶着一架第二次世界大战时期的单引擎双螺旋桨的飞机带领公司飞行,他们要具备足够的勇气与决心,打破传统的舒适模式,大幅提升公司的绩效,将公司改造成超音速时代的战机。唯有如此,才能够在未来的竞争中立于不败之地。

小结

作为领导者,要想真正被下属所认可,光靠愿景的指引是不够的,关键是要做出成绩,实现绩效,唯有如此,下属才会对愿景建立信心,才能够激发下属的巨大潜能,使其逐步转变成追随者。

(1) 鼓励组织内部创新与变革:
- 积极主动发现创意。
- 营造积极主动的创新氛围。
- 点燃员工的激情

(2) 从外界寻求好的创意,积极尝试并承担责任:
- 积小胜为大胜。
- 将目标进行细分。
- 强大的心理素质:专注于当下;保持乐观的心态;勇于面对的决心。

 **案例分析**

小米的成长之路

2010 年,蛰伏了 3 年的雷军凭借自己对移动互联网时代即将来临的精准判断,毅然重出江湖,决定创办一家名为小米的智能手机公司,生产具有顶级配置、极致性能的智能手机,搭载高度定制、体验绝佳的系统和应用软件,按成本定价,然后以最高效的电商渠道直接送到用户手中,最后持续提供互联网服务,以实现商业变现。这就是后来人们所看到的硬件+软件+互联网的"铁人三项"的小米模式。

在早期，凭借创始人雷军的丰厚人脉及人格魅力，小米迅速汇聚了一批国内外的顶尖人才。早期小米从手机的系统入手，MIUI 通过线上论坛及微博发布，迅速积累了 200 多万的粉丝，一年之后，小米的第一代手机正式发布，售价 1 999 元，当时国内同等配置的智能手机的价格都在 4 000 元以上。2011 年 9 月 5 日，小米手机开始在网上预售，开创了互联网销售手机的先河。凭借极致的性价比，小米迅速成为中国智能手机市场的当红明星，市场上一度出现断货现象。2012 年 4 月 6 日，小米成立两周年之际，小米举办了第一届"米粉节"，用以回馈小米的忠实粉丝。在米粉节现场，10 万部小米 2 电信合约手机的现场直播购买，短短 6 分钟，10 万部手机售罄。2012 年底，小米手机当年累计销售了 719 万部，销售额达到了 126 亿元，MIUI 的注册用户超过 6 000 万，小米开创了一个"互联网手机"的新品类。

2013 年，小米发布了其千元型的产品——红米手机，价格 799 元，同类产品的价格通常在 1 500 元左右，小米这一次针对低端用户的良心定价，再次刷新了行业的认知，整个山寨手机的市场被彻底终结，通过与 QQ 空间合作，利用社会化媒体营销，在 QQ 空间开放预约，再次引发市场狂潮，首批 10 万部手机，短短 90 秒钟宣告售罄，最后预约人数高达 745 万，小米的社会化营销成本竟然为零。凭借自身产品的口碑与知名度，小米重新定义了互联网时代的手机销售模式，继续高歌猛进，全年的手机出货量高达 1 870 万部，公司估值达到 100 亿美元。

2014 年，雷军提炼出了小米公司的愿景——"让每个人都能够享受科技的乐趣"，并向员工阐述了小米的价值观"真诚+热爱"。同年，小米启用国际域名"mi.com"，正式开始了国际化的征程。小米手机的全年出货量高达 6 112 万部，市场占有率全国第一，小米的估值达到了 450 亿美元，成为业界瞩目的独角兽企业。

2015 年，小米提出了野心勃勃的 8 000 万部销售目标。但是，由于前期小米的巨大成功引发了各种新老竞争对手的关注与参与，大量的资本进入智能手机制造行业，各种跨界的竞争者不断涌现，除了荣耀、乐视、魅族、锤子演绎各自的故事之外，做互联网安全的周鸿祎也和酷派、乐视进行了一场跌宕起伏的商业合作。市场的追捧导致大量的竞争对手涌入，小米快速发展所带来的各种隐患开始出现，供应链管理的短板首先爆发，小米手机屏幕的长期供应商 wintek 突然宣布倒闭，而匪夷所思的是小米长期以来仅依靠这一家屏幕供应商，竟然没有备选方案，这直接导致小米 4 的交付出现了严重的拖延，导致小米在年底并没有达到自己的销售预期。雷军冷静下来开始意识到，小米近期出现的一系列看似偶然的问题，实际上是小米前几年发展的速度过快所致。随着业务规模的急速膨胀，目前团队的能力已经无法应对市场的发展速度，团队对于新趋势的判断能力、供应链的把控能力以及最终交付能力都出现了脱节的现象。

2016 年，小米面临着巨大的竞争压力，小米手机的销量已经跌出全球前五，取而代之的是 OPPO 与 VIVO，在敏锐地抓住三四线城市及农村的换机需求后，利用线下渠道的优势，这两个品牌迅速取代了小米的地位，小米面临巨大的生存压力。经过三天的闭关思考，雷军决定换掉小米的手机负责人，亲自负责小米的手机业务。为了让手机团队有更符合科学规范的管理流程，他从结构上重新设计了产品部和项目管理部，前者负责为产品定义与具体的规划，后者负责对于各个研发节点的把控，确保项目在规定时间内完成。同时，雷军还成立了核心器件部门，加大了对相机、屏幕、电池等领域的重点投入，设立了独立的测试部门，为产品的质量把关。组织架构调整完成后，雷军又从内部提拔了大量的中层管理人才，亲自培训他们的管理能力，并加大了招聘的力度，引入了大量优秀的人才进入公司。在供应链领域，雷军对所有供应链厂商开启了全面优化工作，并聘请了供应链的专家来负责具体工作。在手机部门不断修正问题弥补短板之际，小米的渠道政策也开始进行调整，小米之家作为小米的线下体验店正式推出，并迅速在全国进行布局。小米开始补自己的线下短板。2016 年 10 月，小米全球首款全屏手机小米 MIX 震撼发布，小米用产品证明了自己的创新能力。在雷军的带领下，小米逐渐回归正轨。

思考：
结合本章内容，讨论小米如何不断地挑战自我。

5　个人领导力培养法则四——有效的沟通

一定要有一群能够告诉你真相，而且你也愿意告诉对方真相的人，如果你的周围有一群这样的人，还会有什么解决不了的呢？

——沃伦·本尼斯

沟通是作为领导者需要掌握的关键技能。如果一个组织已经确立了自己的愿景，组织的领导者已经取得了一定的绩效并开始赢得团队成员的信任，如何更好地激发团队成员的潜力从而赢得更大的成功则成为最重要的任务，这一任务的关键在于沟通的能力。在组织行为学的定义中，沟通是指信息在两个或更多的人当中传播，并能被别人理解的过程。沟通的本质是要把信息发送者真正要表达的意思传递清楚。[1] 从这个定义出发，有效沟通的标准是准确地传递信息，无论是发送者还是接收者，他们都能够理解对方真正表达的信息内容。

谷歌前董事长施密特曾经描述过传统公司的沟通方式：试想你在一座高20层左右的大厦中，你站在中间10层的阳台上，大楼每层的人数随着楼层的升高而递减，在顶层只有一个人，而在大楼的底层，人员川流不息。想象一下，你在10层的阳台上，突然你上层的人，通常是你的上级，对你喊了些什么，丢下来几份文件，你小心翼翼地接住文件，把它拿到屋子里仔细地阅读，内容确实有很多值得称道之处，你依照为9楼工作人员确定的工作细分原则，将文件上的重点进行了标注。接下来，你重新来到了10楼的阳台，向你楼下的团队扔下几张表格与几篇文字，楼下的人如获至宝地阅读着你的文件，好像一群在炎热沙漠中疲惫不堪的旅人突然发现了一眼甘泉。楼下的人看完文件之后又会将这个"批复"的仪式再次重复一遍，以便为8楼的人"解渴"。与此同时，你11楼的上级又开始重复同样的工序了。至于20楼嘛，天晓得他老人家在想什么呢。[2]

刚才所描绘的图景其实是大多数企业标准信息流通方式，管理层中的高层搜集信息，并谨慎地决定将哪些信息分发给在他们层级下辛苦工作的人。在这种组织环境下，信息作为一种权力的象征与控制手段会被

---

[1] 史蒂文 L 麦克沙恩，玛丽·安·冯·格利诺. 组织行为学 [M]. 7版. 吴培冠，译. 北京：机械工业出版社，2018.

[2] 埃里克·施密特，乔纳森·罗森博格，艾伦·伊戈尔. 重新定义公司——谷歌是如何运营的 [M]. 靳婷婷，译. 北京：中信出版社，2015.

不断地被截流，最终，底层的员工只有被动工作的结果，对公司的规划、战略一无所知，组织与员工之间只是一个雇佣与被雇佣的关系，员工的忠诚度无从谈起。正像沃伦·本尼斯所述："许多商业人士之所以升至管理者的位置，靠的并不是他们所表现的团队合作精神，而是因为他们深谙与同事们的竞争之道，这样的风气，只会助长人们对信息的霸占。"

> 力量并不来自掌握的知识，而是来自分享的知识。这一点，应该在企业的价值观及奖励机制中体现出来。
>
> ——比尔·盖茨

绝大多数的沟通障碍来源于认知的差异与信任的缺失。对于我们每个人而言，世界都是我们的主观印象对外界感知的反映。我们每个人都无法真正看清世界的真实原貌，每个人实际上都是透过一副有色眼镜来看待外面的世界，这副眼镜就是我们的主观印象，个人成长经历、文化、价值观对我们主观印象的形成有诸多的影响，并在成长的过程中成为我们的参考标准或行动指南，最终对我们的感情、信念与行为造成诸多的影响。由于各自的主观印象不同，对于同一事物的反映也各不相同，因此就会出现认知的偏差。但是由于彼此间缺乏相互信任，每个人都认为自己的认识是"正确"的，从而会造成各种复杂的结果，比如我们常提到的"个性冲突"与"沟通破裂"。

在很多传统型的企业中，管理者试图控制信息的根源在于对下属的不信任。有的管理者认为下属不需要也没有必要了解事情的真相，他们只要按照制度的要求具体执行就可以了，他们的反馈也无关紧要。在这种氛围的影响下，员工缺乏自主性与积极性，人员的流失率往往很高。为了避免上述现象的发生，一个领导者应当通过以下步骤的训练，将自己的组织打造成一个自由沟通的高效团队。

5.1 营造开放氛围

好的氛围是一个团队能够进行有效沟通的必要条件。优秀的领导者清楚，要想营造一种协作的氛围，必须明确团队的需求，基于组织的愿景与价值观并在团队成员彼此尊重的前提下，才能够开展有效的沟通。领导者将建立信任与团队协作精神作为第一要务。领导者要学会使用"我们"来代替"我"这个词，要从探讨与征求意见的方式与团队成员进行交流，避免用命令的语气来指挥团队成员。

在团队创立之初，通过举办一些集体活动，增进团队成员之间的交流，打破团队初期的个体封闭状态，从而使团队成员迅速增进彼此间的感情。利用午餐及聚会时间，共同探讨一些大家感兴趣的话题，增强团队的归属感。

5.1.1 集体活动

在公司层面举办一些集体活动，如团队拓展活动、户外郊游活动等，利用周末的时间带领团队成员吃住在一起，共同增加彼此之间的了解，并通过安排各种丰富多彩的活动，增进彼此之间的友谊，创造团队的开放氛围。

5.1.2 非正式的交流

可以利用午餐或晚餐时间，大家聚集在一起，探讨一些与工作相关的事宜。在非正式场合中，更容易营造出一种开放放松的氛围，尤其对于初创团队，可以利用晚餐聚会时，在酒桌上大家以平等的态度开诚布公地进行交流，把各种不满与怨言在酒桌上倾诉出来。京东的创始人刘强东在创业初期经常带领公司的员工聚餐，京东也有非常著名的酒文化，所有的事情大家在酒桌上倾诉后往往一笑泯恩仇，这实际上也是一种营造团队氛围的有效手段。

5.1.3 自我披露

为了营造团队氛围，领导者要率先做出表率，勇于在团队成员面前真诚地表达自己的情感，要敢于自黑，暴露一下自己的某些缺点，让团队成员感受到自己的真实与坦诚，拉近与团队成员的距离，便于团队成员敞开心扉，进行深度的交流。

5.2 展现正确的态度和行为

关于态度的定义，最早是斯宾塞和贝因（1862）提出的，他们认为态度是一种先有主见，是把判断和思考引导到一定方向的先有观念和倾向，即心理准备。迈尔斯（1993）认为，态度是对某物或者某人的一种喜欢或者不喜欢的评价性反应，它在人们的信念、情感和倾向中表现出来。由此可见，从心理学的角度来看，态度是我们的一种内心预判，它带有明显的情绪倾向性，我们的态度与行为对于能否消除沟通障碍至关重要。作为一个优秀的领导者，如果想要开展有效的沟通，首先要学会在态度和行为方面的三个重要技巧。

5.2.1 态度

5.2.1.1 保持真诚
要开展有效的沟通，就要用真诚的态度表达对对方的善意的认同，同时要用谦逊的语言表现对对方的尊重及双方通情达理的氛围预设。为此，要学会这样的交流技巧：首先，对对方的观点表示认同；其次，要找到双方的共同点，在此基础之上，对某些有异议的细节再进行商讨。

5.2.1.2 展现重视

充分表明自己对双方关系的看重,愿意解决双方在认知上的某些差异,希望对方从他的角度阐明立场并认真地倾听,愿意从对方的视角重新考虑问题。

5.2.1.3 愿意改变

展现出一种开放的心态,并非固守自己的意见,愿意听从对方的建议,共同探讨有建设性的意见,并改变自己的行为。

5.2.2 行为

5.2.2.1 认真倾听

给予对方发言的权利,通过认真地倾听对方的阐述,表达自己对对方的理解与尊重,消除对方的抵触情绪,逐渐建立彼此的信任。

5.2.2.2 阐述自己的见解

通过阐述自己的意见,用征询的方式表达自己的观点,同时对方也会认真地聆听并表示理解。

5.2.2.3 寻找共同点

双方在充分了解对方观点的基础上,寻找双方的共同点,进而找到各自的意见分歧所在,并通过讨论与探讨的方式共同寻找双方认同的解决方案。

5.3 学会聆听

聆听是领导者进行有效沟通的一个非常重要的技能。所谓聆听,从本义来看,就是毕恭毕敬地听对方说话。聆听代表了对对方的尊重,给予对方阐述的权利,在交流中属于一种对等的状态。孔子在《论语》中提出了"九思"的儒家修身准则,"九思"中对于"听"专门做了阐述,提出了"听思聪",即在听的过程中一定要保持客观、公正的态度,不能偏听、偏信,也不能提前进行预设,带有抵触情绪去听,这都会引发信息传递的失真,造成沟通上的障碍。阐述者很容易从你的情绪中判断出你的态度,进而也会在你阐述的过程中选择关闭双耳,这样就会造成自说自话的结果,导致双方不能在开放的环境中探讨解决问题的办法。因此,作为一个有效的领导者,一定要学会聆听,学会用谦虚的态度、平和的情绪去聆听对方的阐述,这样才能够赢得对方对你的尊重。在聆听过程中,领导者可以通过以下的身体语言来训练自己的聆听技巧。

5.3.1 注视对方的眼睛

在聆听过程中,领导者一定要表现得非常专注,最好的方式是直视对方的双眼,这样既表明了你对对方的关注,也可通过对方的眼神来判断他讲话的真伪。通常说假话的人,眼神会游移不定,不敢跟你对视。同时,你也可以通过观察他的肢体语言,来判断他的情绪与状态。

5.3.2 身体微微前倾

在聆听时,领导者最好保持身体微微前倾的姿势,这不仅表明你在认真地倾听对方的倾诉,也让对方感受到你对他倾诉的认同感,表达了你谦逊的态度。

5.3.3 必要时适当地附和

在聆听时,领导者还要表现出一定的情绪认同。比如,对阐述者谈到的内容认可时,可以微微点头;对对方阐述的不公正待遇可以表现出惊讶或愤怒的表情。这都表明你在用心地聆听对方的诉说。

5.4 深度有效地沟通

在做到上述的步骤之后,我们的沟通基本上就可以顺利地进行。但是,要想进行深度有效的沟通，消除彼此之间的隔阂与猜忌，我们还要掌握以下技巧。

5.4.1 保持同理心

当我们真正地学会聆听，开始尝试着理解他人时，我们将更深入地体会沟通的含义。我们会明白，让理性去主宰心灵往往是徒劳无功的，人们更多的是凭借自己的感受而非想法去做事。我们会逐步认识到，除非双方都能感受到善意，否则人们会发现情感上的障碍将使他们无法共同探讨问题。同理心是我们在聆听的基础上进一步地向对方表达善意的最有效的方式。同理心（empathy）是一个心理学的专用名词，意味着换位思考，暂时进入对方的内心世界，不带任何评价地去体会对方的感受和经验，敏锐觉察对方的改变。通过这种方式，更容易让双方进行感同身受的体验，有助于理解彼此的情绪与感受，为开展更加深入的开放式交流创造有利的条件。

5.4.2 关爱与坦诚

> 必须善于爱护干部，爱护的办法是：第一，指导他们。这就是让他们放手工作，使他们敢于负责；同时，又适时地给以指示，使他们能在当地政治路线下发挥其创造性。第二，提高他们。这就是给以学习的机会，教育他们，使他们在理论上、在工作能力上提高一步。第三，检查他们的工作，帮助他们总结经验、发扬成绩、纠正错误。有委托而无检查，及至犯了严重的错误，方才加以注意，这不是爱护干部的办法。第四，对于犯错误的干部，一般地应采取说服的方法，帮助他们改正错误……第五，照顾他们的困难……①
>
> ——毛泽东

---

① 毛泽东. 毛泽东选集（第二卷）[M]. 北京：人民出版社，2009：527－528.

这是毛泽东同志1938年在延安的一次报告中对干部政策的精辟论述，从辩证的角度为我们通俗易懂地说明了关爱与坦诚是提升领导力水平、帮助团队成员成长的不二法门。我们首先要表达我们对团队成员的关爱，不论是在工作上还是在个人生活上，全方位地予以关心与爱护，这样你才能赢得对方的信任。其次，在放手让下属去做事方面，要给予指导与监督，出现问题要坦诚相告，该批评的就要指出来。只有这样，才能帮助团队成员提升自己的能力，并提升团队成员的整体素质。同时，团队成员在成长过程中，将对领导者产生高度的信任与认同，自愿转化为其追随者。

5.4.3 深度汇谈

深度汇谈是彼得·圣吉在团队学习中提到的一个非常重要的技巧。深度汇谈最早由物理学家鲍姆提出，鲍姆认为："深度汇谈的目的，在于揭露我们思维的不一致性，这种不一致性的起因有三点：一是思维拒绝周遭任何交流的加入；二是思维停止追求真相；三是思维所面对的问题，正源于它处理问题的方式和模式。"成语典故"疑邻盗斧"非常形象地为我们揭示了思维不一致性所带来的偏见。

> 人有亡斧者，意其邻之子。视其行步，窃斧也；颜色，窃斧也；言语，窃斧也；动作态度，无为而不窃斧也。
> ——《列子·说符》

在现实中，我们每个人实际上都有"疑邻盗斧"的潜意识，而这种潜意识由于我们每一个人的自我防护意识而不愿意说出来，久而久之，对别人的误解就会进一步地加深。深度汇谈的目的就是帮助组织的成员，通过这种特殊的交流方式，将内心深处的成见呈现给对方，并通过相互的交流与验证，打破彼此的误解，从而赢得彼此的信任，并朝着组织的共同愿景来贡献自己的才智。具体实施起来需要以下几个基本条件：

第一，所有的参与者必须将他们的假设"悬挂"在面前。大家要把对彼此的意见与看法开诚布公地讲出来。可以采取假设的方式提出自己的意见与看法，即可以把自己对某个同事的内心看法以假设的名义提出来，然后汇总到一起，这样就很容易发现自己在别人心目中的印象，同时也可以追溯自己造成各种印象的原因，以便消除误解。

第二，所有参与者必须视彼此为工作伙伴。所有的参与者通过圆桌会议的形式进行汇谈，大家围坐在一起，表示在会议中人人平等，没有阶层的障碍。

第三，必须有一位"辅导者"来掌握深度汇谈的意义与架构。"辅导者"起引导与协调的作用，调动大家的积极性，避免不必要的冲突与对立，同时确保深度汇谈达到效果，使每个人都对组织的成员及组织的目标或某个议题有全新的认识与了解。

第四，反思与探寻是展开深度汇谈的基础所在。反思与我党的自我批评相对应，探寻即大家探讨产生偏见背后的根源在哪里。比如："是什么导致你这么认为？"或"是什么导致你问起这件事情？"为了保证谈话的顺利进行，辅导者需要在深度汇谈开展的初期帮助团队成员迅速进入状态，并迅速区分一般讨论与深度汇谈。

小结

有效通的标准是准确地传递信息，即无论是发送者还是接收者，他们都能够理解对方真正表达的信息内容。为了开展有效的沟通，我们通过以下步骤来完成：

（1）营造开放氛围。

（2）展现正确的态度和行为。

（3）学会聆听。

（4）保持同理心。

（5）关爱与坦诚。

（6）深度汇谈。

案例分析

毛泽东在长征中的沟通艺术

受王明"左倾"错误路线的影响，中央红军在第五次反"围剿"战役中遭受了巨大的损失，被迫放弃中央苏区，开始进行长征。长征开始后，在突破敌人的重重封锁后，红军损失惨重，不到几个月的时间，从长征开始时的8万人锐减到了3万人左右，如果继续听任王明"左倾"冒险主义的指挥，红军将面临灭顶之灾。要摆脱这种危险的局面，必须要召开中央政治局会议，争取当时党内大多数领导人的统一认识，制定和执行引导中国革命走向胜利的正确路线。为此，毛泽东同志在极其艰苦的条件下，做了大量困难细致的思想工作，最终挽救了中国共产党，挽救了中国革命。

在长征开始时，受到王明"左倾"路线的影响，毛泽东同志受到排挤，但是为了党和革命事业的安危，毛泽东同志主动利用一切可以利用的机会，分别找中央政治局、中央军委的同志谈心，不厌其烦地阐述其正确的主张。

毛泽东首先利用王稼祥与自己同样患病躺在担架上的机会，主动做王稼祥的思想工作。王稼祥是政治局候补委员、红军总政治部主任，原来也听从王明错误路线的指挥，但是目睹红军遭受的重大损失后，他思想上受到了极大的触动，开始重新思考路线问题。毛泽东利用两人担架并排的机会，与王稼祥形影不离地进行沟通，晚上一起宿营，担架上的朝夕相处使两人彼此越来越了解。毛泽东在与他谈心的过程中详细分析了王明错误路线的实质，分析了第五次反"围剿"失败的原因。王稼祥对毛泽东的分析表示赞同。毛泽东还谈到了自己对改变红军被动挨打局面的想法，给对方留下了深刻的印象。王稼祥重新梳理了毛泽东的一贯主张，认识到了毛泽东的战略思考是正确的，对当前形势的判断非常客观、清晰，因而他提议让毛泽东开一个会议，总结一下中央在军事决策当中的经验与教训，同时提出应当由毛泽东来负责红军的军事指挥。后来的情况表明，在遵义会议上，王稼祥是起到重要积极作用的领导人之一。

毛泽东同志第二个谈心的对象是张闻天。张闻天同王稼祥的经历类似，原先支持王明的错误路线，在长征中，逐渐认识到问题的严重性。毛泽东主动创造机会，要求同他和王稼祥住在一起，这样，他们之间有了接触与交流的机会。毛泽东向张闻天阐述了自己的意见与分析。张闻天逐渐转变了自己的看法，开始相信毛泽东的分析是正确的。最终，在遵义会议上，张闻天公开纠正了博古的错误，坚定支持毛泽东重返军委工作。

在此期间，毛泽东还经常去找周恩来，与他谈自己对军事、战略问题的分析和主张，建立了彼此的信任。后来，毛泽东给中央的很多建议，都是先同周恩来谈的，比如他建议中央放弃与红二、红六兵团的会合，把红军队伍拉到贵州，得到了周恩来的赞同。

此外，毛泽东还先后与朱德、刘伯承、彭德怀等其他军委、中委的同志谈心。通过大量细致的交流，增进了彼此的了解，争取了大多数同志的认同，统一了认识。最终在遵义会议上，毛泽东得到了大多数同志的支持，确立了在红军和中共中央的领导地位，制定了正确的政治和军事路线，挽救了党，挽救了红军。

思考：

结合毛泽东同志的真实案例，探讨如何深入地开展交流工作。

6　个人领导力培养法则五——
　　　　激发潜能

成功就是一种心灵的平静,这种平静是因为你知道你已经尽你所能做到了自己做到的最好程度,并因此感到满足!

——约翰·伍登

作为历史上最著名的篮球教练，约翰·伍登在加州大学洛杉矶分校执教生涯的 27 个赛季里赢得了 620 场比赛的胜利，并在 1967—1973 年大赛季中实现了至今无人超越的七连冠。他的一段话，道出了约翰·伍登指导球队获胜的密码。伍登在其执教生涯中，充分展现了一个卓越领导者的行为典范，其中，最为关键的是如何激发球队每个队员的潜力。伍登在指导球队训练的过程中，并不强调训练的强度与时长，但是，伍登非常关注球员是否像他要求的那样全身心地投入训练。如果球员在训练过程中不够专注，他就会要求球员停止训练。他是这样激励球员的："如果你好好准备，别人可能会暂时超过你，但是你永远不会输。你总是会赢，因为你尽了最大的努力争取达到你的最好水平！"

伍登的例子告诉我们，一个优秀的领导者必须具备的一项重要技能是——学会发现下属的潜力，并帮助他们达到自己的最佳状态。唯有如此，你才能够把你下属的潜能激发出来，并带领他们朝着组织既定的目标全力前进。领导者的一个重要角色就是教练。伍登的个人经历向我们展示了一个优秀的教练在激发潜能方面所带来的巨大成就。如何才能够像伍登教练一样，激发下属的潜力呢？领导者需要从以下几个方面来进行。

6.1　表彰他人的成果

6.1.1　善用"皮格马利翁效应"

在古希腊寓言中，皮格马利翁是古希腊的一位雕刻家，他雕刻了一个美丽的女子，后来，他深深爱上了这座雕塑，他真心地祈求神灵能够让这个雕像复活。他的虔诚感动了神灵，后来雕像真的变成了一个真正的美女，并成为他的妻子。这个故事告诉人们，期望和赞美能够产生奇迹。后来，社会心理学家将这一现象命名为"皮格马利翁效应"。领导者要想产生皮格马利翁效应，必须做到以下两点。

6.1.1.1 明确你的期待

领导者要表达出对追随者的明确的期待，这种期待建立在彼此信任的基础上。因此，领导者只有在取得先期的各项修炼成果的基础上，才能够对追随者表达自己的期许，并赢得追随者的衷心认同。

6.1.1.2 不断地鼓励与赞美

在追随者努力达成目标的过程中，领导者要始终保持密切的关注，随时注意追随者的反馈与表现，随时耐心地指点追随者在前进过程中的各项失误，并为追随者的提升与变化给予积极的支持与鼓励。要像伍登教练训练球员一样，保证你的追随者专注于目标的实现，帮助他扫清一切不相干的干扰，全力朝着既定的目标前进。

在善用皮格马利翁效应方面，乔布斯堪称翘楚。乔布斯的超级皮格马利翁效应被称为"现实扭曲力场"。在乔布斯的自传中曾经记载，在苹果的第一代 Mac 电脑刚设计出来时，电脑的开机速度长达 2 分钟，乔布斯对负责 Mac 操作系统的工程师凯尼恩表达了自己的不满，凯尼恩试图解释，但乔布斯打断了他，问道："如果能救人一命的话，你愿意想办法让启动时间缩短 10 秒吗？"凯尼恩说："也许可以。"于是乔布斯走到一块白板前面边演示边说："如果 500 万人使用 Mac，而每天开机都多用 10 秒钟，加起来每年就要浪费大约 3 亿分钟，相当于 100 个人的终身寿命。"这番话让凯尼恩十分震惊，几周后，他把开机时间缩短了 28 秒。

6.1.2 持续地进行反馈

领导力的修炼就像一场马拉松，它是一个持续不断的过程。喜欢跑马拉松的人都知道，马拉松是一种极限挑战的运动，如果缺乏系统的训练就盲目地参加，会面临极大的风险。在跑步的过程中，随时掌握自己的心率变化与节奏是保证自己安全跑完全程的关键所在，一旦节奏被打乱，心率超出正常范围，将会对选手造成灾难性的影响甚至导致意外的发生。

因此，一些能够提供心率及节奏反馈的运动手表是必不可少的装备。同样，在领导者激励追随者朝着期许目标的前进过程中，及时的反馈是防止追随者出现重大失误的关键措施之一。领导者在激励追随者的过程中，要全程保持对追随者绩效的关注，并规定一套固定反馈的制度，确保追随者在提升绩效的过程中，尽量少走弯路，提高业绩效率。

6.2 独特的认可方式

最令人沮丧的事情莫过于对他人贡献的认可仅采取例行公事和毫无个性可言的方式。从马斯洛需求层次理论来看，认可他人的贡献显然属于高层次的需求，属于排在金字塔顶端的尊重与自我实现的需求，而例行公事的奖励方式显然属于低层次的需求范畴，往往使追随者感到不被尊重，长此以往，反而会削弱领导者的信誉。长久以来，组织在认可他人贡献方面的表现泛泛可陈，把奖金看得过于重要，甚至是私下对员工进行奖励，美其名曰害怕引起嫉妒，而从来没有足够的耐心去寻问员工最渴望得到的是什么。

简·冰格是斯坦福大学帕卡德儿童医院的领导力发展和教育执行董事，多年以来通过对各种人群调研关于人们希望怎么被认可和激发的问题时，大多数人的回答是只要简单地对他们的工作和价值表示肯定就可以了，可能是一张手写的便签、一个贺卡或者一封邮件，甚至仅仅是拍拍肩膀说："干得漂亮！"人们在组织中的贡献最关键的是得到组织的认可，这种认可一旦给追随者留下深刻的印象，将会对领导者的信誉加分很多，同时，追随者会用更好的表现来回馈组织。

6.2.1 亲近下属

> 京东公司的酒文化非常有特色,那就是凝聚团队。酒桌上,员工会向刘强东说一些事情、问一些问题。刘强东多数是在听,很少说话。事后,员工发现,他提的问题很快就解决了。通常基层员工发现的流程上的问题,需要其他部门配合改进,因为自己没有足够的权限,此时酒桌就成了另一条渠道。刘强东和基层喝酒,从来不让高管跟着,让基层在酒桌上畅所欲言。他特别体恤基层心情,从而基层干活也特别卖力。①

从京东独特的酒文化中,我们可以看出作为电商公司巨头的京东,其创始人刘强东的领导风格,就是非常注重与基层员工的沟通。刘强东至今仍然坚持每年抽出一天的时间去体验亲自为用户送货。刘强东的这种做法很容易拉近与基层员工的距离,使他们自愿地转化为追随者,并在工作中保持斗志昂扬,为在京东工作而骄傲。从京东酒文化的另一个侧面,我们可以发现,通过这种沟通渠道,基层员工与领导者之间迅速建立了信任的关系,而员工在酒桌上就敢讲真话,这是判断追随者与领导者之间"亲近关系"的一个关键指标。国外的相关研究显示,当领导者与员工是非常好的朋友关系时,工作满意度及决策效率都会提高 2~3 倍。

中国的传统文化中有很多"士为知己者死"的典故,其中最为著名的当属三国时期刘备三顾茅庐迎请诸葛亮的故事。当时的诸葛亮尚属一阶草民,但名闻海内,而刘备虽贵为皇叔却尚未成任何气候,刘备的真诚与谦卑感动了诸葛亮,才有了后续的三分天下的精彩华章。

由此可以看出,作为一个优秀的领导者,对追随者的关注与认可将会赢得尊重与忠诚,对基层及一线员工的亲近与交流,将会帮助领导者打破

---

① 李志刚. 创京东——刘强东亲述创业之路 [M]. 北京:中信出版社,2015:21.

阶层的阻碍，更多地了解公司的一线运行状况，并协调各部门的协作，有效地提升公司的运营绩效。

6.2.2 别具一格的奖励方式

事实上，人们对于各种富有创意的奖励方式都会铭记于心。别具一格的奖励和认可本身就代表了领导者对于追随者的认可。领导者可有非常多的选择，创造各种具有独特创意的奖励方式，比如一张由你亲自签名的贺卡，一个非常夸张醒目的毛绒玩具，一件别具一格印有特殊口号的T恤，印有团队成员照片的水杯、水晶的雕塑、钟表甚至一个特殊的徽章。表达你的认可与关心的形式是多种多样的，关键是让你的追随者感受到你的真心。

6.2.3 超越物质之外的赞赏和奖励

作为一个领导者，不能仅仅依靠公司的日常奖励体系，毕竟这种体系提供的可供选择的范围非常有限，而且常常受到组织内部流程的影响，奖励与绩效的产生往往不相匹配，甚至出现严重滞后的情况。相关研究发现，业绩和奖励的间隔时间一般在半年以上，对于员工而言，通常很难回忆起半年前做出绩效时的心情与感受，因此员工往往会觉得这种奖励就是按部就班、走走流程，并无法满足他们内心中渴望得到承认与尊重的精神需要。作为人类需求的较高层面，真正意义的认可完全可以超越一些有形的物质，比如领导者可以安排一个特殊的仪式来表达对追随者卓越工作的认可。同时，没有任何东西比得上领导者发自肺腑地对自己的追随者说一句"谢谢你"所产生的巨大感召力。更加卓越的领导者会大量运用各种内在的奖励——利用工作本身进行奖励，包括分配给追随者更富挑战性的任务，让追随者享受工作中的乐趣，给予追随者更富创新的机会。

领导者一定要了解追随者对尊重与认可的渴望，要用自己的真诚表达对追随者卓越绩效的肯定与认可。当追随者知道你在关心他们时，他们就会备受感动,会更加珍惜自己的工作,专注于绩效的提升。

6.3 打造专属的庆祝仪式

在当今的世界上,无论任何国家、任何种族、任何地方,人们都会在固定的日子里,停下手中的事情,开始参加各种专属的节日庆祝活动。我们点燃烟花庆祝建党 100 周年,我们举办晚会庆祝新春佳节,我们在公司举办年会感谢一年以来大家的辛勤工作,在葬礼上我们聚在一起缅怀逝者所经历的平凡而又伟大的生命历程。为什么我们要从各自繁杂的日常生活中抽出时间来彼此共聚、讲述故事?这都是仪式的力量。

6.3.1 营造一种特殊的团队集体主义氛围

每一个人都有社交的需求,社交关系增强了人与人之间的交流与互动,加强了彼此之间的信任与了解,为人们提供了互惠互利、信息交流及集体行动的平台,增加了人们的幸福感,并使人们为社会创造更多的财富与价值。随着移动互联网时代的到来,社交媒体的大量涌现为人们提供了更为便利的社交工具。组织的集体活动是满足人们社交需求,将组织成员团结在一起的最有效的方式之一。相关研究显示,以庆祝活动为例:庆祝活动赋予生活激情和目的,它将人们凝聚在一起,共同分享价值观和理想抱负。庆祝仪式、典礼能够创造团队协作的机会,将个人的理念与公司的理念融合起来。当事情进展顺利时,庆祝活动会使我们为自己的荣耀而狂欢;当事情进展不顺时,庆祝活动也能让我们相聚在一起,点燃希望之火,坚信胜利的曙光就在前面。

1999 年,谷歌联合创始人拉里·佩奇(Larry Page)和谢尔盖·布林(Sergey Brin)在谷歌创立一年后确立了每周五下午举行的人人都可以畅所欲言的全员大会——"TGIF"(Thank God, it's Friday)。每周的这个时候，全体员工都可以自由表达自己的各种问题及看法，甚至是吐槽，并与管理层自由开放地讨论话题。通过这种方式，谷歌的员工可以就公司的任何问题与公司的高层进行交流，早期的创意以及对服务流程的改进均源于此。该大会成为谷歌公司最受欢迎也最具吸引力的一项活动，也成为公司的一种传统被长期坚持了下来，为员工及管理层提供了透明的沟通渠道。

在每周五举行的谷歌 TGIF 大会上，所有新入职的员工都被安排在同一区域，戴上彩色的螺旋桨帽子作为新人标志。谢尔盖热情地对大家表示欢迎，大家热烈鼓掌，然后，谢尔盖便抛出一句："好了，回去工作吧。"这句话的确不是什么惹人捧腹的笑话，但加上谢尔盖那严肃的语调和淡淡的俄罗斯口音，总能引人拊掌大笑。作为创意精英的领导者，幽默感是谢尔盖的伟大天赋之一。在主持周五会议的时候，他常会即兴发挥一些小段子，逗得大家前仰后合。大家可不是为了博创始人开心而强颜欢笑，每个人的笑都是发自内心的。①

6.3.1.1 打造更适合交流的办公环境

国外的相关研究显示，如果大家在一个共同的开放式环境办公，将会极大地减少办公室政治的发生，员工的工作积极性也更高，这也是很多初创企业刚开始迫于成本的办公方式，这个时期的企业大多数充满活力。同时，企业还应该提供一些适合员工休闲放松的公共区域，如公共阅览室、饮料吧、文体设施等，以便员工在工作疲劳时进行放松与交流。谷歌公司主要业务收入 ADSense（关键词付费广告）当年就是几名分属不同团队的工程师在公司台球桌上偶遇碰撞出来的天才设想，并最终成长为价值数百亿美元的业务收入源泉。

在谷歌总部山景城里，你可以看到各种稀奇古怪的东西，园区内有一个巨大的深色恐龙骨架雕塑，上面常年栖息着许多色彩鲜艳的火烈鸟，园区内最受欢迎的交通工具是谷歌自行车，一种复古的有着谷歌标

---

① 埃里克·施密特，乔纳森·罗森博格. 重构新定义公司——谷歌是如何运营的 [M]. 靳婷婷译，北京：中信出版社，2015：31.

志性颜色的色彩斑斓的滑行自行车，没有刹车，需要倒着骑来刹车。大楼签到处的超大号 NEXUS One 手机，可以正常使用触屏操作。办公室里有一个将上下层链接起来的滑梯。这已经成为谷歌各地区办公室的标配，员工可以享受到儿时的畅快体验，装修风格各异的会议室与免费的公司大餐已经成为谷歌公司的标准特征，工作之余还可以登高远眺周围的海岸线与美丽的高尔夫球场。所有的这一切，时刻都在激发员工的创意与思维。

6.3.1.2 公开地庆祝胜利

虽然认可与表彰个人的贡献可以提高获奖者的价值感，提高员工的业绩，但是公开庆祝不仅能做到这些，而且还能为个人和组织带来更多的益处——提升公司的凝聚力、增强员工的归属感。

通过公开的庆祝活动，我们可以有效地帮助组织树立各种榜样。同时，通过对各个部门优秀员工及优秀集体的表彰，可以极大地激发团队与个人的荣誉感与归属感，尤其是对于那些在背后默默支持的后勤部门，在公开的庆祝活动上的表彰可以极大地激励他们的士气，当部门的代表站到台上拿起奖杯的那一刻，相信会给他留下难以磨灭的印象与强烈的归属感。台下的员工在为榜样欢呼的同时，也能深刻地体会到公司的价值观与文化的传递。

6.3.1.3 提供社交的支持

在工作中形成相互支持的关系，以真诚信任和提出为他人利益着想为特点的工作关系，对保持个人和组织的生命力十分重要。在组织中推进真诚与合作的文化是一个组织践行自己的核心价值观的最好表现形式。作为一个有效的领导者，不仅需要在组织内部推进真诚合作的文化，同样也要在组织外部推行真诚合作的文化。唯有如此，才能让组织的员工感受到公司核心价值观的一致性，并为公司带来巨大的凝聚力与发展空间。

"我们明白,没有供应商的承诺和激情,我们公司不可能取得今天的成功,所以每年我们都会表达我们的谢意。我们会包下比硬石酒店的游泳池、棕榈树酒店的'雨'夜总会更好的场地,邀请所有的供应商(超过1 000家)参加每年一次的答谢派对,参加者,包括美捷步团队在内多达3 000人。我们把活动的时间点与世界鞋业协会的年度大展配合起来,很高兴听大家说这个活动是年度大展最精彩的部分。我们提供食物、饮料和各种疯狂有趣的娱乐活动(穿上舞裙的山羊、舞蹈表演、小矮人、吞火者……凡是你能想到的,我们都可以办到),只希望供应商能够意识到他们对我们公司的意义。我们第一年举办这个活动后,供应商告诉我们他们激动得好几个月后还在谈论!"①

华裔商业天才谢家华作为美国最大的在线鞋类品牌电商网站,用自己的实际行动践行了自己公司的核心价值观:"通过服务让人们感到惊叹:'wow';创造欢乐及一点点搞怪,通过沟通建立开放和诚信的关系。"这也解释了为何这家创立不到10年的公司销售额能够取得飞速的增长,并迫使商业巨头亚马逊最终花费12亿美元的巨大代价才将其收入囊中,创造了当时电商并购的最高纪录。

6.3.2 领导者亲自参与到活动中去

领导本身就是一种人际关系的具体表现形式,领导力就是一种影响他人的能力,人们总是渴望接受那些更容易接纳自己的领导者并加入具有挑战性的任务行列。一个优秀的领导者必须做到言行一致。领导者最关键的

---

① 谢家华. 三双鞋——美捷步如何创造从0到10亿美元的销售神话[M]. 谢传刚,译. 北京:中华工商联出版社,2011:135.

个人资产就是信誉,就是他在组织中所倡导的核心价值观是否能够得到真正的贯彻与执行。庆祝活动本身,恰恰是公司价值观得以阐释的最佳表现形式。在庆祝活动上,员工积极践行价值观的行为将得到组织的认可与嘉奖,领导亲自上台参加活动并给优秀的员工颁奖,会让员工深刻地感受到领导者的诚意。通过直接并且直观的表现,领导者站在台上与员工一起进行庆祝,就传递出了一个正面的信号,当领导者以身作则树立榜样并传递出"在这里我们彼此心怀感激,表达谢意并享受快乐"的信息时,人们就会服从领导者的权威,其领导的组织就会形成一种认可并愿意庆祝他人贡献的企业文化,这样每个人都可以变成领导者,每个人都可以成为典范,每个人都会花时间来庆祝价值观的胜利与实现。①

6.3.2.1 展现对下属的关心

作为一个领导者,要让他的员工感受到他们正在受到关爱。在一次电视台的专访中,主持人问曹德旺:"你对员工好吗?"曹德旺立即回答:"我们的员工,我都把他们视同为孩子一样。"在曹德旺看来,把员工视同自己的孩子,不仅要为他们创造好的平台,给他们提供好的待遇,更重要的是严格要求他们,帮助他们改掉身上的坏习惯,督促他们更好地成长。这才是对员工负责的企业家精神。

> 黄中胜原来是福耀浮法玻璃公司的总经理,因下属拿回扣事件,被曹德旺降职,后来在福耀的很多岗位都干过,在任何岗位上,他都勤勤恳恳,做得很好。后来曹德旺了解到,当时贬他做销售副经理时,有一家公司开30万年薪挖他,当时福耀给他的年薪只有12万元。曹德旺好奇地问他:"为什么不走?"他眼睛一下湿润了,说:"老板您忘了吗?2001年,我老婆生儿子,名字还是您取的。孩子生下来就脑瘫,要在福州治疗。

---

① 詹姆斯 M 库泽斯,巴里 Z 波斯纳. 领导力——如何在组织中成就卓越[M].5版.北京:电子工业出版社,2013:236.

> 我一个外地人，人生地不熟，知道公司有些套房，问您能不能借一套给我暂住，您说，'可以让你老婆孩子住在我家里'。我只是一个普通员工，当时您一点儿顾忌都没有，一点儿也不担心我老婆住到您家会给你们带来多少麻烦事。这种事，就是普通朋友，都不会轻易开口答应的。"黄中胜跟曹德旺说："老板，您让我在福耀有了归属感。"①

6.3.2.2 亲自树立榜样

在任何一个组织当中，榜样是传递价值观的最佳表现形式。作为一个领导者，如果能够深入基层，亲临生产一线，发现一些员工在现实工作中的优秀表现，并在公开场合予以讲述，将对组织的员工产生巨大的激励作用。心理学家维斯特恩认为，领导者告诉我们的故事是至关重要的，可能与父母告诉我们的童话故事一样，领导者将他们持有的世界观和价值观通过故事传达给我们。在社交媒体时代，领导者有很多方法可以让榜样的故事传播出去，比如制成短视频、做成新闻简报在自己的公司自媒体账号上进行播放，既能够激励员工，也能够很好地向外界传递公司的价值观。

> 查尔斯·斯瓦伯（Charles Schwab）担任卡耐基钢铁公司第一任总裁时，发现自己管辖下的一家钢铁厂的产量排名很靠后，便问厂长："这是怎么一回事？为什么产量总是落后呢？"厂长回答："说来惭愧，我好话丑话都说尽了，甚至拿免职来恐吓工人，可他们软硬不吃，总是懒懒散散的。"斯瓦伯决定立即下到工厂一线，看看员工的实际工作情况。
> 当时正是日班工人即将下班、夜班工人就要接班的时候。

---

① 黄伟芳，陈润. 曹德旺传——首善佛心［M］. 北京：团结出版社，2020：91.

> 斯瓦伯向厂长要了一支粉笔，问日班的领班："今天炼了几吨钢？"领班回答："6吨。"斯瓦伯用粉笔在地上写了一个很大的"6"字后，默不作声地离开了。
>
> 夜班工人接班时，看到地上的"6"字，好奇地问是什么意思。日班工人说："总裁今天过来了，问我们炼了几吨钢，领班告诉他6吨，他就在地上写了一个'6'字。"
>
> 次日早上，日班工人前来上班，发现地上的"6"已被夜班工人改写为"7"；知道输给了夜班工人，日班工人内心很不是滋味，他们决心给夜班工人一点颜色看看。那一天，大伙加倍努力，结果他们炼出了10吨钢。于是，地上的"7"顺理成章地变成了"10"。
>
> 在日、夜班工人你追我赶的竞争之下，工厂的情况很快得到改善。不久，该厂产量竟然跃居公司所有钢铁厂之首。①

6.3.2.3 把庆祝活动制度化

作为一名领导者，你需要将各种组织的庆祝活动列入组织的日常工作日程表中。很多组织已经将员工生日庆典、假期、周年庆及其他重要的日期作为组织日常生活中的一部分。你需要给它们安排具体的时间、地点，向组织成员展示其重要性，引起组织成员的关注与期待。

在你策划庆祝活动的时候，首先要确定本组织中的哪些价值观、哪些具有重要意义的历史事件或者重要的非凡成就值得安排这种仪式、庆典或节日来进行庆祝。或许你想对公司销售额超越目标进行庆祝，对获年度创新奖的团队或集体表达尊崇之情，对公司的顺利上市进行重要的庆祝，对在后勤部门中默默奉献的员工与团队提出嘉奖，对员工家属表

---

① 林钰晴. 用一支粉笔扭转乾坤［EB/OL］. http：//blog.sina.com.cn/s/blog_7105583301016ty0.html，2013-04-18.

达多年来的感激之情,等等。这些活动可以在不同的时间、地点分别进行,关键是它能够激起全体员工的共鸣与认可,使大家能够真正体会到公司价值观的意义所在。

> 福耀玻璃厂成立以来,员工队伍不断扩大,到1989年春节,已经有100多名员工。春节前10天,曹德旺亲自参加并主持了福耀史上第一次尾牙宴。尾牙宴是闽南地区的传统民俗文化,原指商家希望来年生意兴隆,准备好酒好菜给土地公打牙祭,祈求得到保佑。随着时代的变迁,尾牙宴逐步演变成企业年终的重要聚会,成了老板对员工一年所做贡献表示感激的仪式。当时尾牙宴是在福耀玻璃厂的职工食堂举办的,由于公司正处于起步阶段,没有太多钱,所以餐桌上都是一些家常小菜,但场面却异常热烈。从那时开始,尾牙宴就成了福耀玻璃厂年底的盛典。在曹德旺看来,尾牙宴已经成了福耀玻璃厂的一种企业文化:"尾牙宴让所有的员工在承接春节所凝结的优秀传统文化的同时,享受到福耀大家庭的欢乐和温馨。所谓家和万事兴,福耀这个大家庭的兴旺与发达,当然离不开中国文化的传承与发展。"①

领导者应当将庆典活动作为传递组织价值观的重要工具与手段,将其列为组织生活的核心与关键所在。领导者必须认真关注并尽量参与到每一个重要的组织庆典活动当中去,随时通过活动,更好地与跟追随者进行互动与交流,传递组织的核心价值观,增强整个组织的集体荣誉感与归属感。在《公司庆典》一书中,特伦斯迪尔和凯伊教授描述了一些安排或策划庆典活动的具体方案,以下例子可供大家参考。

---

① 曹德旺. 心若菩提[M]. 北京:人民出版社,2014:63.

值得庆祝的事件

- 周期性的庆祝活动

时令性主题、关键性重大事件、公司周年庆、个人生日、结婚典礼、老友重逢以及其他最近发生的事情。

- 认可仪式

在公开场合给予鼓掌、喝彩和认可。主要包括十分出色地完成某项工作、取得一流的工作佳绩、实现某种特定目标、获得某项特别的提名、得到职务升迁以及其他值得广泛关注的成就。

- 庆祝胜利与凯旋

强调集团贡献的特别事件，如赢得比赛冠军，取得超出预期的好成绩，战胜竞争对手，开发出一种新产品或新战略，筹资建立了新公司、新办公室、新生产线等，新商场正式开张对外营业等。

- 安慰与释怀仪式

并不是所有组织的工作都只有胜利的喜讯，有时也会有灾难和损失，如合同项目的损失、员工被解雇、同事死亡、某次实验失败、营业网点关闭。有时候举行仪式来纪念这些事件，主要是帮助人们渡过难关并继续向前。

- 个人境况的变迁

组织内的雇员有调入也有调出，这时就需要举行某种活动迎来送往，无论是相聚还是分别或者其他工作动态，都可以纪念一番。

- 工作场合中的好人好事

可以为有以下突出事迹的人员组织庆祝活动：为他人做好事的、团结一心帮助他人的、促进社会变革的，以及非常好地帮助顾客或客户的人。

> • 重大事件
>
> 公司的开张日、重大节假日、与公司奋斗目标紧密相连的纪念日事情。

小结

优秀的领导者都将激发组织的潜能作为组织创造绩效的核心密码。这也是领导者成长为高阶领导者的必备技能。要激发组织的潜能，需要从两个步骤入手：首先是从个人层面入手，激发个人的潜能与创造力；其次是从组织的角度入手，营造一种集体主义氛围，增强组织成员的认同感与归属感，从而激发全体组织成员的激情与活力，最终创造出惊人的绩效。

（1）个人层面的激活。具体包括：

• 善用皮格马利翁效应，公开表达自己对组织成员的期许，同时时刻关注成员的进步与变化，随时给予赞许与鼓励，增强其自信心。

• 依赖反馈系统，对组织成员的绩效进行评估，确保其在正确的道路上前进。

• 通过别具一格的认可方式，让组织成员感受到你对他的关注与认可。

（2）组织层面的激活——营造集体主义的氛围。领导者通过营造一种集体主义氛围使所有的追随者感受到组织核心价值观的传递，并产生强烈的认同感与归属感。组织成员之间的交往与互动会增进员工之间的友谊，使员工感受到组织的温暖进而增强组织的凝聚力。因此，在工作场所创造出更多的适合员工交流与互动的环境与氛围是增强组织凝聚力的关键所在。领导者应当致力于亲自参与组织的各种集体活动，表达自己对组织价值观的遵守与认同，同时通过活动拉近自己与追随者之间的距离，亲自树立榜样,讲述自己发现的各种组织中的感人事迹,从而激发整个组织的认同感与归属感,同时也为领导者的领导力进行加分。为此必须做到以下方面:

- 亲自组织或参与到集体活动中去。
- 表达自己对组织成员的关心。
- 随时随地讲述榜样的故事。
- 公开表扬组织成员的进步。
- 不断地用"我们"代替"我"来进行表达。
- 对组织取得绩效的增长随时进行庆祝。

案例分析

Salesforce 公司的快乐员工

Salesforce 的创始人马克·贝尼奥夫足智多谋、体魄强健,同时还是位超级推销员,他缔造的旧金山湾区巨头发展得如火如荼,公司热心公益事业,因此深受员工的喜爱。

Salesforce 在旧金山有 3 000 名员工(全球员工总数超过 6 000 人),公司也因此超过 Levi Strauss 和嘉信理财公司(Charles Schwab)成为这座城市的第七大私人公司。2011 年,Salesforce 公司的营业额超过 20 亿美元,预计 2012 年的收入将接近 30 亿美元,有鉴于此,Salesforce 是目前旧金山规模最大的技术公司。尽管由于没有达到华尔街的预期,公司的股价在 2011 年下降了 23%,但仍然比 2008 年底增加了 3 倍多。如果按照最近大约每周录用 75 人的招聘速度,到 2012 年底,公司的员工总数将接近 1 万人。

这里有引人入胜的城市景观,对顾客的尊重近乎疯狂,公司慈善之风深入人心;这里还有夏威夷特色,其中包括贝尼奥夫签名的电子邮件(以及公司年报)问候语"阿洛哈",以及用夏威夷语命名的会议室(如果你在参加重要会议时迟到了，那就祝你好运吧，因为会议地点可能是 Haka Haka、Haku Haku、Mahi Mahi 或 Maka Luani）；此外，这里还有旧金山湾区最盛大、最热闹的假日聚会，有一年聚会的亮点是请来了杂技演员，他们身体柔韧、蹬着高跟鞋、穿着闪亮的服装，头脚倒立悬挂在枝型吊灯上，派发香槟酒。公司甚至还有一位摇动尾巴的首席恋爱官——名字叫 Koa，这只 12 岁的金毛寻回犬是贝尼奥夫的。所有这些奇闻轶事组合在一起，构建了一个值得称道的工作场所。

热情洋溢的贝尼奥夫有时会变得让人捉摸不透，甚至有些怪异。Salesforce 公司的员工一直都对他的古怪特性表示认可。诚然，有些人不愿参加他的夏威夷式非现场高管会议，当时他邀请草裙舞演员教大家，不过这些高管还是从椅子上站起来尽力模仿了几个动作。公司成立之初，星期五是"夏威夷衬衫日"——许多员工都遵守这个惯例。看看他们的格子间，你会看到许多 SaaS-y（软件即服务）的填充玩具，这个廉价的胖乎乎的吉祥物会在 Salesforce 的大会上表演节目，助演的有扬、Metallica 乐队、歌手 william、喷火战机乐队（Foo Fighters）和脱口秀主持人杰·雷诺（Jay Leno）等人。在那些盛大的国际活动上，有近 4.5 万名现有的和潜在的客户出席，员工也参加了这个类似于推销大会的活动。他们先调动观众的情绪，然后贝尼奥夫成为舞台的主角，激发观众的热情，接着推销普通的产品，以及他所谓的改革运动，即改变企业获得软件的方式。

当 Salesforce 公司的员工生病时，公司提供的不仅仅是保险。马克·贝尼奥夫打电话、发微博，而且还承担了成千上万美元的额外费用。

约翰·格林（John Greene）觉得他效力的是一家非常棒的公司。他 40 岁那一年患上了癌症，不过并非无药可救。

2010 年 11 月，在 Salesforce 公司工程研发部门仅工作了一年的格林被确诊患上了急性髓系白血病。已经成家并有两个年幼孩子的格林在医院的病床上创建了自己的博客，名为"格林要战胜它"（jg will kick its ass，www.jgwkia.com）。他每天都把化疗情况、肾功能状况以及病房窗外的旧金山景色写进博客。而且他设法保持自己的幽默感。"我想我正在为癌症研究做出不小的贡献。"他这样写道。

起初，格林只把他的详细病情告诉了他的老板和小组成员。但是，他要想治愈，就得进行骨髓移植，于是他决定向全系统发送一条信息。"没过5分钟，（CEO）马克·贝尼奥夫就打来电话。"格林回忆说，"他详细地向我了解情况。他甚至向我保证，我在加州大学旧金山分校可以得到全面的治疗。"

同事们利用Chatter（这是Salesforce公司内部使用的遍及整个公司的社交网络应用程序）寻找骨髓捐献者。一天深夜，贝尼奥夫发了一条微博："Salesforce的员工约翰·格林患上了急性髓系白血病，急需骨髓移植救命。你能做配型吗？"第二天一早，就有350名Salesforce公司的员工做了配型登记。Salesforce公司支付了格林必须自己负担的保险费用。公司的基金会以格林的名义为骨髓登记发放了2.5万美元奖金。

2012年，Salesforce在《财富》杂志评选的全美100家最适宜工作的公司排行榜中位列第27位。

思考：

马克·贝尼奥夫如何激励员工的士气？

领导力培养进阶篇——
高阶领导力培养

下 篇

7　高阶领导力培养——时间管理

时间管理的4D原则：愿望（Desire）、果断（Decisiveness）、决心（Determination）、纪律（Discipline）。

——博恩·崔西

作为一个公司的高层，显然已经跨越了领导者的初级阶段，所面临的问题与挑战与作为公司的中层领导者大不相同。许多组织中已经具备初步领导力技能的中层管理者在被擢升为组织的高层管理职位后，发现眼前的情景与自己过往的经历大相径庭，自己能够掌控的时间越来越少，每天仿佛有做不完的事情需要处理，下班之后还要面临各种组织的公关及应酬活动，很多人在刚开始的沉醉兴奋过后，面对汹涌而来的各项工作显得无所适从，甚至被迫辞职。

> 一个下属打电话来报告，有一个设备着火了；接着是处理邮件，大部分都无关紧要；又有一名下属来打断工作，汇报说可能很快要爆发一场公关危机；一个即将退休的员工被带进了办公室准备接受纪念章；晚些时候参加讨论会，涉及数百万美元的合同；接下来，管理者对某个部门浪费办公间的现象进行了批评……①

这是一家企业的 CEO 一天日常工作的典型写照。作为一家企业的高层管理者，往往需要扮演多种角色，如企业的名义代言人、信息的联络官以及领导者。企业的高层管理者往往很难按照固定的节奏与设想来安排自己的时间与工作，他们每天被各种电话及信息所包围，随时会被其他的突发事件所打断，每天自己能够掌控的时间与空间几乎都被各种连续不断的事务所淹没，每当他们拖着疲惫的身心回到家里，回顾一下今天所发生的经历，往往会发现还有几个重要的事情竟然没有得到解决，长此以往，身心疲惫，身体与家庭关系双双出现红色预警。而令人沮丧的是公司的业绩并未得到有效的提升，领导者往往迷失于日常应接不暇的琐事当中。

---

① 亨利·明茨伯格. 管理工作的本质 [M]. 方海平，等，译. 杭州：浙江人民出版社，2017：42.

7 高阶领导力培养——时间管理

> 国外相关研究显示：企业高管有可能变成日程表的奴隶——他们有某种"日程表情结"。你很少能够看到两个企业高管在一起谈话时，手里没拿着记事本的。这个东西一定要在触手可及的范围之内，否则他们会感到茫然若失。一天工作开始时，他们要先查看日程安排，不管上面记录了什么，他们都按时有效地完成。如果谁有什么事想让这类人做的，就要确保他们把这个事记到日程表里。要求一位事务繁忙的高管做一件事时，让他承诺"下周完成"甚至"下周五完成"都没用。这样含糊的要求是不会进入他的日程安排的。你必须给出确定的时间，比如星期五下午4：15，这样他才会记下来，按时完成。时间定得越具体，他才越有可能去做。①

由此可见，作为一家企业的高层管理者，工作的节奏与强度比普通管理者要大很多，同时还要面对各种突发的事件及各种短暂琐碎的事情。如果不能够及时完成角色的转换与领导力的同步提升，管理者将会成为一个提线木偶，被日常的各种时间线所操控，忘记了自己作为领导者的职责与根本任务。而真正的领导者是不会被庞杂的日常事务所羁绊的，他会有条不紊地安排自己的时间，通过有效的授权使自己专注于组织最根本的使命——如何为组织创造价值。他就像一个伟大的交响乐队的指挥，带领团队的全体成员演奏出一曲又一曲华美乐章，并赢得听众的尊敬与热烈的掌声。

为此，我们非常有必要开展第二部分的学习——高阶领导力的培养。我们将从时间管理、自我定位、用人之道、排序管理及决策管理五个方面展开论述，帮助组织高层管理人员迅速地从低效能的高层管理者转换为高效的领导者。接下来就带领大家开启我们的高阶领导力的修炼之旅！

---

① 亨利·明茨伯格.管理工作的本质［M］.方海平，等，译，杭州：浙江人民出版社，2017：49.

当一名中层的领导者进入组织的高级管理层时，会发现除了地位的提升，他所面临的最大的变化是——时间的掌控。在组织的中层领导阶层，组织的领导者通常只需在规定的时间内达到组织所要求的绩效即可，比如在某个时间节点完成某些产品的生产、研发等。中层领导者能够有条不紊地安排自己的工作时间与节奏。他不需要关注外部的其他因素，只需专注自己所负责的区域即可。但是当他成为公司的高层管理者后，他发现没有什么具体的事务需要他亲自负责，但是他需要面对更加宏观与全面的组织管理工作，各种各样的事情需要他去做决策与判断：他需要参加不同部门的协调与工作会议；他需要面对多个部门的中层管理者的汇报，并及时做出反馈；他还需要应对各种外围事务的打扰，比如参加各种应酬与公关活动；他必须定期抽出时间走访下属，听取一线员工的反馈。时间经常被切割成以分钟来计算。自己经常被日程表拖着疲于奔命。

7.1 时间都去哪儿了

时间是人世间最为宝贵与稀缺的资源。所有的人，无论他如何努力，每天的时间都是固定不变的 24 个小时，时间无法存储，每时每刻都在流逝。因此，如何在有限的时间内为组织创造更多的价值是高层领导者的职责所在。为了有效地管理时间，高层管理者首先应当了解自己日常的时间花在哪些事务上面。

国外的相关研究显示，高层管理人员大部分的时间花在以下几类事务上面：首先是会议，具体包括事先安排的预订会议与没有事先安排的临时会议，这个占到了高层管理人员时间的 70% 以上。其次是案头工作时间，包括各种文件及报表的阅读与批示，占到全天工作的 20% 以上。最后是电话及巡视时间，大约占 10%。但是，具体到某一个高层管理人员，在这些大块的时间中进一步地细分，就会发现很多高层管理者持续地被各种琐事所困扰，平均处理每件事情的工作只能按分钟来计算，通常为 5~15 分钟。他们经常被要求在极短的时间内做出决策，然而，这种看似高效的处理工作方式，却难以提升组织的最终绩效。

为了帮助高层管理者成为高绩效的领导者，打破这种被动低效的局面，我们通过以下几个步骤，来提升高层管理者的时间管理能力，从而使他们可以将更多的精力投入为组织提升绩效的重要任务上。

7.2　记录自己的时间

要想真正掌握自己的时间，高层管理者必须学会记录自己的时间。对于大多数人而言，时间是一个相对的概念，人们如果离开了钟表，对时间的感知能力就会大大下降。比如在某些特殊的时刻，当一个男孩子在热恋期间约会时，到了约会时间心仪的女孩迟迟还未出现，每一分钟的等待对他而言都是漫长的煎熬；当女孩子出现后，两人开始交流，进展顺利，这时候时间好像变得飞快，一眨眼间，一下午的时间已经飘然而过，两人还有很多话来不及倾诉。而在某些极端的环境中，尤其是在黑暗的环境中，人们对于时间的感知会完全丧失，就像智利矿难中的例子，每一秒的等待都意味着无尽的煎熬，在黑暗中的一小时会使人感觉到像漫长的一天。由此可见，每一个人对于时间的感觉并不准确，尤其当我们回忆已经发生过的事情时，往往与实际的时间有很大的偏差。因此，要想弄清楚自己在一天中的真实时间分配，每一个领导者必须学会记录自己的时间。

在记录时间这件事情上，很多人都认为非常简单，不就是把每天做过的事记录下来吗？我可以在中午或晚上找个时间，回忆一下白天发生的事情，然后把它们一一列出来。这种记录方法恰恰无法达到我们想要的效果。因为恰恰是我们的记忆十分不牢靠，往往无法感知正常处理某个事情所发生的具体时间，因此，我们也就无法感知当天时间花费的真实情况。

正确的做法是，每一个领导者要在起床之后，做完一件事情后，立即记下做完该事情的时间，这个时候的记忆是最准确的，然后紧接着记录下一件事情完成的时间，直到上床休息为止。这样持续记录3~4周之后，领导者就能够清晰地发现自己的时间大多数耗费在哪些事情上面了，并据此对自己的日程表进行优化与调整，这样一来，领导者就会惊喜地发现，自己的工作绩效有了巨大的提升。优秀的领导者会坚持每年至少做2次以上的记录，每次持续的时间超过3周以上，并根据记录随时优化自己的日程安排。目前智能手机上有很多帮助进行时间管理的应用程序，可以利用智能手机进行随时的记录，程序会自动帮你将各事务进行分类，并计算出时间的占用比例。切记："记录时间的关键是要在事情发生后立即记录时间。"

7.3　分析你的时间

当连续记录3~4周之后，对于近一段时间的占用情况就会有一个详细的了解，接下来，要进一步地分析具体时间的分配情况。要想系统化地提高自己的时间利用效率，必须从以下几个方面入手。

7.3.1　找出根本不需要去做的事情

通过对照我们的时间记录表，我们首先要找出浪费自己时间的事情。这类事情的特点就是，做完了之后，不会对组织产生任何绩效的提升，比如说各类演讲会、晚宴等。判断此类事务的标准是，领导者扪心自问："如果我不参加此类活动，会有什么影响吗？"如果答案是"没有任何区别"，那就果断地将此类活动从自己的日程表中删除掉。很多公司的高层领导者发现，对于很多社交活动，即使不派公司任何人出席，也没有任何的影响，很多活动只是一种礼仪性的邀请，只是希望有更多的人去烘托一下氛围。有些宴请甚至会在出席时略显尴尬，因为主角可能并不是你。

7.3.2 找出可以让他人代劳的事情

国外的一份调查研究显示，当一个下属不太喜欢他的老板时，惩罚老板的最有效的方式就是要求老板去各地出差。但事实上，很多事情根本无须高级主管亲自出面，一个部门经理就可以很好地解决，这种事情往往耗费了高管大量的宝贵时间。领导者一定要学会授权，学会将一些重要的事情交给下属去做。只要公司制定了完善的规章制度并建立了诚信、公正的企业文化，领导者完全可以将很多事务分派给下属来做，自己只是在关键的环节进行监督与听取反馈意见，并在必要时予以指导。京东的刘强东就敢于将上亿元的合同签署权交给副总来审批。这样他就可以腾出更多的时间与精力思考公司的战略与方向。上述提到的需要代表公司公关形象的各种应酬活动，领导者完全可以派一个公司的其他高管代劳，对方也会因为有机会参加此类活动而感受到自己的价值，并生发出自豪感。通过有效的授权，既能够调动公司员工的积极性与主动性，又能够为自己节约大量的宝贵时间，使领导者将更多的时间聚焦在更有价值的事情上面，何乐而不为呢？

7.3.3 哪些事情是在浪费他人的时间

很多人想必都有以下的一些经历：某公司的高管，每天不管有没有重要事务，必须要召集相关的各部门负责人开会，会上每一个人还要进行发言，对于很多跟该主管负责业务关系不大的部门也需要列席会议并发表自己的意见，结果导致大家一上午的时间就白白地消耗掉了，并没有讨论出任何实质性的对组织绩效有帮助的对策，各部门负责人回去后还需要加班处理自己积压的本该按时完成的任务。长此以往，各部门经理怨声载道，敢怒不敢言，组织的整体绩效必将受到极大的影响。对于高管而言，他认为开会不召集所有的部门，经理就无法体现对大家的共同重视，同时通过这样的会议可以让各部门加强横向沟通，应该是对组织大有益处的。实际上，判断此类事务是否属于浪费别人时间的最有效方法就是领导者直接询问下属，参加此类会议是否会对提升其部门的绩效有所帮助，并鼓励下属说出真相，敢于面对现实。唯有如此，领导者才能够及时做出调整与改进，比如说对于跟会议内容关系不大的部门无须负责人出席，甚至可以不派代表参加，会后将相关的会议纪要传达给对方即可。如果没有太多的重要信息需要探讨交流，可以考虑取消此类会议，将相关的信息传递给各负责人即可，从而更加有效地提升自己的时间利用效率。

7.4　从组织层面找出最浪费时间的事情

　　高效能的领导者除了从表面上来甄别时间的具体分配情况，还要进一步地从组织层面进行深入思考，探寻哪些工作是最占用时间的，并围绕此类工作进行深入的研究，看看此类工作究竟为何如此耗费时间，它们是否为组织真正带来绩效，它们是否存在进一步改进的可能，或者是否因组织架构或制度不够合理而造成此类事件的一再出现。为此，我们将进一步地进行深入的探讨。

7.4.1　反复出现的危机

　　很多组织都会在每年的某个时段出现加班加点的现象。比如在年底，很多组织为了花光年度预算而拼命地突击花钱，造成一些企业在年底突然接到大量的订单，并造成库存的告急及人员的短缺。还有一些组织会受到季节的影响，比如空调行业在夏季高温天气容易出现供不应求，在冬季出现无人问津甚至现金流告急的情况。如果此类情况反复出现，则证明组织的管理及相应的规章制度有待改进与完善。这种反复出现的危机实际上大多数是组织在应对所处行业有规律的外部环境时所必须要面对的。高效能的领导者应该针对这种危机的出现规律，对现有的行业管理制度进行相应的调整。高效能的领导者应当确保组织中所有反复出现的危机都转变为日常处理的常态事务,这样普通的中级管理者就可以按照既定的章程进行处理。如此就避免了年复一年地为处理此类紧急事务而耗费大量时间。究其本质,危机的反复出现是领导者的懒惰与不作为所导致的。

7.4.2 人员过剩所造成的内耗

想必大家都看过著名的动画片《三个和尚》。在该故事中,和尚的寺庙在山上,上面没有水源,需要去山下打水。当庙里只有一个和尚时,他一人挑水上山也无怨言。当庙里又来了一个僧人后,二人共同抬水上山,勉强尚可维持。但是,第三个僧人到来后,由于大家都不愿意干这个打水的累活,结果导致三个人无水可喝。现实中的三个和尚的故事实际上在组织中一再上演,当组织的某个项目负责人发现他每天要抽出10%以上的工作时间用于协调各个团队成员之间的关系时,往往就意味着该项目人员过剩,需要适当地进行调整与转岗。人员过剩会造成办公室政治风气浓郁,人们都在互相揣摩上下级的利益与盘算,从而造成人心涣散,组织绩效大打折扣。判断一个组织是否由于人员过剩造成大量的时间浪费的方法是,看看组织有多少会议是在处理各项目团队人员之间的关系与摩擦,如果有,就证明该项目人员有可能过剩,需要进一步地进行拆分,确保每一个人都能够有足够的工作去承担,而无暇进行各种钩心斗角。

7.4.3 会议泛滥

高效能的领导者发现,如果在组织中每天都充斥着大量的会议,占用了组织成员大量的工作时间,那么他就要从组织的结构与组织的绩效两个方面来进行考察,组织内部的结构是否已经无法适应外部环境的变化。比如,某大型制造型企业拥有不同的能源解决方案,分别隶属于传统的水电、燃煤等不同的事业部。为了应对外部环境的需要,该公司又成立了核能、风电、太阳能等新兴事业部门。但是随着外部环境的变化，客户需要整套的全方位解决方案，各事业部门的方案各有优劣。为此，各事业部站在各自的立场上互相攻讦，结果造成领导者需要不断地开会出面调停，平衡各方的利益。针对此类情况，该公司成立了统一的能源事业部，最终由一名高级副总裁来全面负责能源业务的解决方案。在统一的部门架构之下，原先的沟通成本大幅降低，领导者也赢得了更多的宝贵时间。因此，领导者针对公司会议泛滥的现象，应当从组织架构与外部竞争环境的关系中重新思考，适当调整公司的架构，避免不必要的内部沟通成本。

7.4.4 信息错配

组织中常见的一个现象是信息不能够及时准确地按照不同部门的需求进行分类传递，从而导致重复的沟通，造成时间的浪费与沟通成本的增加。以制造企业为例，生产部门给运营部门提供的往往是日常的平均生产成本，这也是财务部门进行成本核算所需要的；但是对于运营部门的人员而言，他们更加关心产品的峰值与谷值的生产产量、产品组合、生产成本等细节，生产部门提供的信息往往无法满足他们进行精细化运营管理的需求。随着信息化程度的不断提升，企业获取与加工信息的能力发生了巨大的改变，所有前端基础信息的采集变得愈加完善，所有机器的生产状况与产品信息都能够全面地进行采集，管理成本降低的核心问题在于，如何能够按照不同部门的需求，将信息加工成各部门需要的形式并分别呈送给不同的部门，从而确保信息传递的及时性与准确性，避免二次沟通协调的成本与时间。

7.5 整合时间

作为一个高效能的领导者，通过以上步骤的实施，将会空出很多零碎的时间，但是要想真正实现组织绩效的提升，领导者必须将自己的有限时间聚焦在对组织绩效提升最为关键的重要事务上来，处理此类关键事务，要求领导者必须集中精力运用整块的时间来进行深入的思考。

通用汽车的缔造者斯隆，堪称时间管理绩效的典范。斯隆作为当时世界上最大汽车公司的领导者，对于一般的事务基本上很少过问，但是对于公司的财务预算及重要人事的职位安排往往非常重视，尤其是重要人事安排方面，常常花费很长的时间进行考虑。斯隆从未在第一时间就对报上来的重要人事安排进行决定，通常他会审查该人才的各项背景情况，并将其搁置一段时间。在这段时间内，斯隆会不断地从各方面对该人选进行全方位的考察与思考，几周后，斯隆才会在会议上宣布自己的最终决定。事实证明，斯隆在人员的选拔方面，几乎从未失手。事后斯隆告诉大家为何自己不在第一时间做出判断："我害怕第一时间涌现在我脑海里的名字妨碍了我的公正判断，因此我需要一段时间的认真思考，唯有如此，我才能最终做出判断。"斯隆的例子告诉我们，对于组织至关重要的决定，领导者一定不能仓促做出，必须给自己留有充分思考的时间。对于我们很多人来说，在仓促之间拍脑袋做出的决定，其产生的后果可想而知。

由此可见，要想成为一个高效能的领导者，要学会整合自己的时间，一定要每周抽出固定的时间来处理重要的事务。很多世界500强公司的CEO都有早起的习惯。清晨时间一般不会被打扰，思路相对清晰，可以集中精力对重要的事务进行处理。苹果CEO库克通常在凌晨四点半就已经开始回复邮件。Twitter创始人多西通常在五点半起床，并开始冥想，然后进行1个小时左右的慢跑，在此期间他会思考一些有关公司重要决策的事情。此外，由于每个人的生物钟不同，高效能的领导者通常会在他思维最清晰的时间段处理最重要的事务。因此，我们可以根据自己的具体情况，每周空出一定的时间来集中处理重要的事务。

彼得·德鲁克曾经提到一位金融领域的高效能领导者的日常时间安排，他本人担任这个客户的高级顾问。该领导者处理日常事务的绩效堪称典范，他每个周一、周五召开运营工作会议，会见各部门的高管，讨论具体的情况，接待公司的重要客户，每周二、三、四下午全部空出来，用来处理重要的事务及各种突发及紧急的状况。只有重要的会议才会参加，每次召开会议之前，都会做好充分的准备，每次会议的议题只有一个，讨论的时间永远不超过90分钟。他的经验是，一般情况下，他能够持续集中精力的时间是90分钟左右，超过这个时间，所有的讨论往往会回到原点，进行毫无意义的循环；此外，对于重要事情的决策，如果没有一个小时以上的讨论，往往无法做出全面的判断，因此必须要有充分的时间进行讨论。他处理重要事务的时间通常也限定在90分钟以内，在此期间，他不允许任何人前来打扰。

总之，要想成为高效能的领导者，不仅要通过了解自己的日常时间安排，随时优化自己的时间表，最重要的是要学会找到自己为组织提升绩效的关键事务，并为之投入足够的时间与精力，确保组织绩效的顺利提升。

小结

要想成为一名合格的高效能的高层领导者，首先必须学会管理自己的时间。要想管理好自己的时间，就要搞清楚自己的时间到底用在了什么地方。因此，要采取以下步骤：

（1）记录时间。定期集中记录你日常活动的实际时间。

（2）管理时间。对自己目前的时间分配状况进行优化。重点删除以下三类活动所占用的时间：

- 根本不需要去做的事情。
- 可以找别人代劳的事情。
- 自己浪费别人时间的事情。

（3）从组织层面思考最浪费时间的事：

- 反复出现的危机。
- 人员过剩导致的内耗。
- 会议泛滥。
- 信息错配。

（4）整合时间。在优化自己日程表的基础上，学会安排足够的时间去处理重要的事情，尤其是与人事相关的重要决策的事情，一定要留出充足的时间进行思考与处理。同时，还要预留出足够的自由时间来处理各类突发事件。

 案例分析

办公室的一天

为了及早处理办公桌上堆积如山的文件，王经理早上7点20就到了办公室。他习惯性地首先开始处理昨天的邮件。但当他打开第一封邮件时，就发现必须与同事一起合作才能完成与邮件有关的工作，于是不得不将其搁置在一旁。而第二封邮件的内容则对他正在进行的一个项目有重大的影响，于是他下楼为自己做了份复印稿。

当他继续处理第三封邮件时，发现一篇自己很感兴趣的期刊文章，并沉迷其中。当他看完这篇文章时，发现时间已经是9点了。

他不得不把邮件放在一旁而着手准备另一个项目的文件，因为明天就要向董事会报告项目进展情况，但他还有两天的工作量没有完成。当他正思索时，张副经理和李科长走了进来，拉他一起去喝杯咖啡，因为他们急于告诉他昨天晚上娱乐的一些情况。王经理答应陪他们10分钟，但是当他意识到该结束聊天时，时间已经过去了30分钟，他迅速赶回办公室。

当他赶回办公室时，电话录音提示，公司陈副总裁通知10点有一个会议，并希望王经理参加，因为会议内容涉及公司的各个部门。由于剩下

的时间已经不够完成项目，王经理把有关文件搁置一旁，并打算午饭后立即开始着手工作。10点的会议冗长而枯燥，主要围绕公司的旧章程与规则进行了一些无关痛痒的讨论。王经理想到自己已经来了，就坚持着听完吧。到会议结束时已经十一点半了，隔壁办公室的宋经理在会议上和张总聊得甚欢，会后拉王经理一起外出吃饭，盛情难却，王经理不好推辞。

吃完午饭回到办公室，时间已经是下午一点半了，王经理开始工作。然而，下午的情况也不尽如人意，办公桌上的电话每隔10分钟就响一次，拜访者不断。接待完这些不速之客后，王经理发现自己的项目报告书依然没有什么进展。下班时间要到了，王经理把文件装进公文包，"唉，又是忙碌的一天，今晚得赶工了"。他突然心生疑问：张副经理和李科长晚上怎么还有空去消遣呢？①

思考：

1. 结合本章内容，分析王经理在时间管理上犯了哪些错误。
2. 如果你是王经理，如何安排今天的工作进度？

---

① 资料来源：吴维库. 领导学 [M]. 北京：高等教育出版社，2012.

8　高阶领导力培养二——聚焦职责

作为一位领导者，你的工作职责就是消灭恐惧，无论经营环境好坏，都要不断地探求真实的情况。

——杰克·韦尔奇

很多人在登上高位成为一名高阶的管理者之后，往往迷失于自己的权力幻觉之中，丧失了作为一名领导者应具备的优秀品质，失去了前进的动力与方向，整日醉心于对权力的掌控及对各项事务审批的成就感，而对自己作为一名真正领导者的职责——如何为组织创造绩效——渐行渐远，最终导致组织由于运营不善而出现重大危机。

万通集团的创始人冯仑在其自传《野蛮生长》中回顾其创业初期所犯的错误时谈到："大概在 1995—1996 年的时候，万通的母公司海南万通遇到了非常大的危机，而当时这个危机，主要集中在财务和内部组织以及公司与外部环境之间的矛盾方面。从财务上来说，我们当时扩张得非常快，主要通过杠杆收购和连环控股的方式，投资了武汉国投，有三个信用社；另外还投资了华诚财务公司、天安保险、陕西证券，还有民生银行。我们接着就通过金融机构互相拆借等方式来扩张，投资在房地产、商业零售以及高科技等许多行业。在扩张过程中，我们的内部组织实际上逐渐被分割开了，深圳那一块在王启富手里，广西那一块在易小迪手里，北京这块归我和潘石屹管，另外，武汉国投、上海万通由我和刘军共管。这样一来，财务资源和公司的经营就出现了很大的错位和冲突，在扩张过程中，财务负担日益加重。当时，用于投资的资金都是以将近 20% 的年利率短期拆借来的，如果没有 60% 以上的毛利，投资肯定是亏的；越投，口袋里的钱越紧，越紧就越加摧残手中的金融机构和向更多的人与机构去高息拆借，结果雪上加霜，饮鸩止渴，公司不堪重负，走到了崩溃的边缘。

这一财务危机，实际上迫使我们去思考我们到底有多大的能力，我们应当怎样获得健康的投资和扩张能力。一刹那，我

> 们明白了绝不能用借来的高利贷投资，救治自己的唯一办法就是先卖东西还债，压缩公司成本，甩掉包袱，然后再进行增资扩股，引进不需要还的资本金……在财务危机的同时，我们还陷入了组织上的危机，实际上就是几个合伙人在财务压力下面临的选择与困惑，于是大家就提出分而治之……最后，我们决定"收缩"：把所有的业务集中，压缩费用，压缩人员；国内业务只做房地产，美国万通只做创业投资。"[①]
>
> 从冯仑的案例中我们可以看到，在改革开放的初期，早期的万通顺风顺水，通过多元化的极速扩张，资产增长迅速，但由于靠高杠杆、高负债的并购策略，带来了一系列的管理与运营压力，最终，通过拆分与收缩的策略，避免了企业的分崩离析，找到了自己的价值所在。

为了达到这种境界，一个高效能的领导者要始终牢记一句话：不要问组织为你做了什么，关键是你能够为组织做出什么样的贡献。当一个领导者以此作为自己的行为准则时，他表明了领导者要充分挖掘组织的内部潜力，充分发挥自己的领导潜力，曾子曰："吾日三省吾身：为人谋而不忠乎？与朋友交而不信乎？传不习乎？"每一个高效能的领导者都应当具备曾子三省的心态，随时拷问自己是否能够"为人谋而不忠"。高效能的领导者不会将注意力局限在个人专长、狭隘的技能和自己的部门上，他会在更高的维度思考问题，他从组织的整体绩效出发，彻底思考自己的技能、专长及所任职的部门与整个组织及组织的目的有什么内在关系，同时会从外向内以客户的视角进行逆向思维，发现其中的机遇，进而提升组织整体绩效。

[①] 冯仑. 野蛮生长［M］. 北京：中信出版社，2007：003.

福耀集团董事长曹德旺，在2006年就敏锐地觉察到了一场全球性质的金融风暴即将到来，对于中小企业将是一个生死攸关的考验，他在福耀内部刊发了《一叶知秋》的文章，警告大家要厉行节约，停止投资。2008年初，当时中国的股市正值6 000点左右的高位，福耀集团果断地停止增发，并根据经济过热的形势作出了自己的理性判断，果断关停四条落后的浮法玻璃生产线，根据上市公司签署的对赌协议，曹德旺本人将损失高达22亿元人民币的股票市值，但是曹德旺从企业的整体利益出发，依然果断关停了这四条生产线，并积极展开自救。在通用汽车面临破产保护时，基于自己对于美国汽车市场的分析与调研，曹德旺以超出常人的战略眼光认为美国政府必然不会坐视三大汽车厂商倒闭，在利害关系面前，工会必然会做出妥协，因此继续在危机期间为通用汽车供货，并带领福耀迅速度过金融危机，赢得了美国厂商的信任与尊重，并使福耀在危机后迅速成为全球汽车玻璃的巨头。2009年，安永全球企业家大奖基于曹德旺的超长企业家眼光与能力，第一次授予中国企业家。曹德旺的事迹完美阐述了一个高效能的领导者具备高维度思维为企业所带来的巨大收益。

对于高效能领导者而言，从组织的整体视角出发，"贡献"主要包含以下三个方面的内涵：组织直接能够得到的成果；帮助组织建立根本的价值观并信守价值观；为组织培养人才。任何时候，如果一个组织的领导者不能提升组织的绩效，那么他就无法赢得追随者的信任与尊重，就像毛泽东的威望是带领大家不断地打胜仗树立起来的，这是所有的组织成员都能切身体会到的。与此同时，帮助组织建立根本的价值观并信守价值观是组织不断提升绩效的原动力，就像曹德旺稍微等等或在财务报表上做点文章就可以避免个人的巨大损失，但是曹德旺从企业价值观的角度出发，认为如果这样做既是欺骗股民，也会对公司的价值观造成侵蚀，导致上行下效，因此，果断关停过剩的生产线，赢得了股东与员工的尊敬，并带领福耀取得了持续的高速发展。为组织培养人才，其实是领导者最为重要的一个任务，因为人才代表着组织未来的竞争力，如果组织想实现长久的发展，人才的培养必不可少。优秀的组织一定会从内部选拔人才，并认真地进行培养。比如，京东公司在上市之后，专门成立了"京鹰会"，专门选拔优秀的青年员工进行后备人才培养。我党在人才培养方面非常重视，这也是我党能够蓬勃发展的原动力，毛泽东同志在1937年发表的《为争取千百万群众进入抗日民族统一战线而斗争》的文章中专门提到了干部培养的问题。

> 我们党的组织要向全国发展，要自觉地造就成万数的干部，要有几百个最好的群众领袖。这些干部要懂得马克思列宁主义，有政治远见，有工作能力，富于牺牲精神，能独立解决问题，在困难中不动摇，忠心耿耿地为民族、为阶级、为党而工作。党依靠着这些人而联系党员群众，依靠着这些人对于群众的坚强领导而达到打倒敌人之目的。这些人不要自私自利、不要个人主义和风头主义，不要懒惰和消极性，不要自高自大的宗派主义，他们是大公无私的民族的阶级的英雄，这就是共产党员、党的干部、党的领袖应该有的性格和作风。①

正是在这种领导者的指引下，我党才能够在抗战后期迅速发展壮大，并最终打败了蒋介石，建立了中华人民共和国。为了帮助大家更好地掌握如何发挥自己的贡献来提升组织的绩效，我们从以下几个方面具体讲解。

---

① 毛泽东. 毛泽东选集（第一卷）[M]. 北京：人民出版社，2009：277.

8.1 吐故纳新

高效能的领导者时刻保持着一种谦逊的学习心态。随着个人能力的提升，领导者的职位不断发生变化，其工作的绩效也会改变，贡献的方向也会发生巨大改变，因此，三种绩效的重要性也随之发生了变化。如果领导者依然延续过往的成功模式，必定会导致失败。高效能的领导者会依据自己职务的变化迅速调整自己的各项能力，使其能够迅速适应新职位的需求。这就要求领导者要不断地学习各种新的知识与技能，保持一种开放的心态，随需而变。

通用电气（GE）的传奇 CEO 杰克·韦尔奇，针对美国公司面对日本高品质产品的竞争所表现出的产品品质不良的现象，在上任伊始就对通用电气全面推行六个西格玛的全面质量管理方法，并将其发展为企业管理的标杆。与此同时，运用数一数二的原则对当时的通用电气进行瘦身，砍掉了很多通用电气传统的缺乏竞争力的行业，聚焦于能源、医疗等核心领域，恪守通用电气的价值观，最终帮助通用电气成为最受行业尊敬的制造业巨擘。韦尔奇对于通用电气的改造，充分展现了高效能领导者如何从提升绩效的视角帮助组织进行改造，堪称领导力领域对于聚焦职责的经典案例。

8.2 有效沟通

高效能的领导者要想为组织做出重要的贡献，必须掌握强大的人际沟通能力。高阶领导者的职责并非去单独负责某个具体业务的绩效提升，而是站在组织的视角来提升整个组织的绩效。因此，高阶领导者需要协调不同部门之间的关系,避免各部门之间的隔阂为组织带来伤害,其角色就如同一个交响乐队的指挥,通过协同不同乐手的节奏与步伐,共同演绎出一部令观众如痴如醉的雄伟乐章。为了使自己能够与下属进行有效的沟通,高效能的领导者通常需要反复反思以下三个问题。

8.2.1 组织和领导者应该需要下属有哪些贡献

通常情况下,领导者与组织的期望与员工自身的感知有很大的差别,尤其是对于新进的员工而言差异更大。通过询问的方式,可以先让员工谈谈他们对目前工作的感受与评价,然后领导者会提出组织及其个人对于该职位负责人的期待与目标,这样很容易让员工感受到组织的期望与自己目前处境的差距,使他们明确目标与方向,从而不断提升自己的能力。

8.2.2 领导者应该对下属有什么样的期望

这是关乎该员工未来发展及培养方面的问题。通过这种方式的提问,可以大大提升员工对于领导者对自己关注的良好感觉,使员工自己充分感受到领导者及组织对于自己的信任与期待,为努力提升自己的绩效提供充分的动力与激发源泉,使员工有信心充分挖掘自身的潜力,并朝着既定的目标奋力前进。

8.2.3 如何才能更加充分地发挥员工的专业知识及才干

这种方式的提问体现了领导者对于员工的关心与培养,充分体现了领导者作为教练角色的价值。领导者通过这种方式可以帮助员工总结其自身的知识结构及个人素质,进而提升员工的管理能力及内在潜力。同时,在交流中,领导者可以掌握很多相关领域的细节信息,为自己未来的决策提供有效的数据支撑。员工会通过这种方式,迅速地从下属转变成追随者,更加迫切地希望能够在领导者的指引下继续前进。

8.3　团队的合作

高阶领导者的主要职能在于通过促进各部门之间的有效协作来推动组织朝着既定的目标前进。高效能的工作事实上是由具备不同知识与技能的人才组成的团队所完成的。如何协调不同部门之间的利益，是高效能的核心体现。作为领导者，如果专注于贡献，就会促进组织的横向沟通，因为专注贡献会使各部门了解组织的整体绩效提升与各部门之间的内在逻辑关系，必定会增进各部门之间的沟通与交流，从而有助于团队的合作。因此，对于领导者而言，极为重要的是，不断地站在组织整体绩效的角度向所有的部门传递如何做贡献才真正有利于组织的整体发展。通过这种传递，使各团队成员树立起整体意识，理解组织的目标与规划，并朝着共同的方向去努力。

8.4　自我提升

高效能的领导者在走到高阶岗位时，会不断挑战自己的局限与盲区，使自己快速适应组织的发展需要。高效能的领导者会不断地用三个问题来提升自我。

8.4.1　自己应当掌握哪些知识来提升组织绩效

这是高效能领导者面对职位的变化，对自己适应变化的学习能力的要求。高效能的领导者会从组织绩效的角度出发，重新定义自己目前的能力与价值，客观地审视自己的各项优点与不足，针对组织的需要，迅速补齐自己在新职位要求方面的短板，把自己打造成学习新知识的典范。

8.4.2 自己有哪些专长可以用到目前工作中去

通过这种反思，高效能的领导者可以对比自己的专业领域知识与目前职位的匹配程度，并从领导者的视角重新思考如何利用自己的知识帮助下属进行提升，并充分考虑到下属的理解与认知能力，运用自己的专长，帮助他们进行提升，而非亲自出马，事必躬亲。

8.4.3 必须为自己设立何种标准

高效能的领导者通常充满自信，野心勃勃，他们通常会设立远大的目标与抱负，并通过不断的创新与努力，带领其追随者朝着既定的目标前进。对于组织而言，领导者的标准意味着组织绩效的提升空间，领导者内心的目标越远大，越能够激发团队的积极性与创造性，组织的绩效也会随之大幅提升。

> 当京东线上业务的销售额还不足200万元时，刘强东就果断做出决定，砍掉利润依然丰厚的线下实体店业务，全力进军网上商城，并对标亚马逊，敏锐地认识到未来电商的发展关键环节在于物流效率，不顾投资人的强烈反对，毅然投入巨资兴建亚洲一号仓库，并依据工业4.0＋大数据的物流仓储软硬件平台，率先推出业界无人比拟的"当日达"服务。凭借可靠便利的物流及自身对于商品品质的把控，京东迅速奠定了自己在中国电子商城领域的市场地位，并迫使全球电商巨头亚马逊黯然撤出中国市场。正是刘强东敢于挑战商业巨头的勇气与魄力，才使得京东成长为当前享誉世界的电商巨头。

8.5 选拔人才

如果我们将组织看作是一个有机体的话，那么人才的选拔相当于其新陈代谢的能力，后备人才越充盈，意味着组织创新的活力越强韧，组织的生命力也会因此而得到大大的延伸。拥有百年历史的企业必定都有自己的一套选拔与培养人才的机制，而所有此类企业的领导者无不将选拔人才作为评判自己能力优劣的一个重要的评价指标。对于高效能的领导者而言，经常下到基层，不断拜访一线的员工是了解与发现人才的一个重要途径。此外，不时地审阅各部门年轻骨干的简历，并深入基层与其周围的员工交流，也是考察人才的一个重要手段。定期安排各种相关技能的培训，经常与之交流并给予指导，既能帮助人才迅速成长，也能增强人才的归属感，激发人才的潜力，最终提升组织的绩效。

8.6 高效的会议

对于高效能的领导者而言，会议是其日常工作中的一个重要组成部分，大多数高阶领导者一天的大部分时间都花在了沟通与协调方面。而会议是一种必备的沟通手段，它可以有效帮助领导者了解各种信息，提出自己的期望，整合各种关系，促进各部门的沟通与协作，督导组织朝着既定的目标前进。但是，如果稍不留神，会议也可能变成管理者满足自我虚荣心的一种浮夸仪式，变成漫无目的的闲聊或彼此推诿扯皮的闹剧。为了避免上述情况的发生，高效能的领导者会聚焦于组织贡献的角度，在开会之前，他会反复询问自己：这次会议的目的何在？是为了得到某种信息还是决定未来某个重要人事的任免？是为了协调各部门的利益还是其他？评判的标准是:"是否能够对组织有所贡献?是否能够提升组织的绩效?"所有的会议,只有围绕着组织绩效的提升才有必要召开。而且,为了提升绩效,在会议开始前,领导者需要提前将会议的目的与议程发给参会人员;在会议过程中,领导者应当明确自己的角色定位,灵活掌控会议的节奏,并控制发言的时间,确保会议朝着既定的目标进行讨论;在会议结束前,结合既定目标,进行必要的陈述与总结,并决定后续跟进与行动反馈的任务落实。

高效能会议应遵循以下步骤:
(1) 拟定会议的主题与议程。
(2) 提前将会议的议程及相关资料发给参会人员。
(3) 拟定一个会议时间限制。
(4) 会议围绕着主题依次发言讨论,严格控制时间。
(5) 领导者针对会议主题进行总结与回顾。
(6) 会后形成会议纪要发给参会人员,并随时进行跟踪反馈。

小结

作为一个高阶的管理者,高效能的领导者聚焦于自己对于整个组织应当承担的责任,并以此为标尺衡量自己对组织的贡献。为此,他需要从以下三个方面来考量自己:
(1) 是否能够为组织带来绩效的提升?
(2) 是否能够建立并遵循组织的核心价值观?
(3) 是否能够为组织选拔人才?
为了确保这三方面的问题得以解决,他必须从以下几个方面提升自己的能力:
(1) 吐故纳新。

(2) 有效沟通。

(3) 团队合作。

(4) 自我提升。

(5) 选拔人才。

(6) 高效的会议。

 **案例分析**

沃尔特如何打造迪士尼

"你知道,有一天一个男孩问我:'你画米老鼠吗?'"我说:"没有。""那么你是不是负责构想所有的笑话和点子呢?"我说:"没有,我不做这些。"最后,他望着我说:"迪士尼先生,你到底做什么啊?"这可真把我难倒了。

"呃,"我说,"有时候我把自己当作一只小蜜蜂,从片场的一角飞到另一角,收集花粉,给每个人打打气。"我猜这就是我的工作。我当然不认为自己是生意人,也绝不相信自己的价值远超过画家。

——沃尔特·迪士尼

作为全球最大的娱乐帝国的创始人,沃尔特·迪士尼完美地阐释了自己如何领导团队不断突破自我、向着梦想迈进的过程。

创造伟大团队的第一步是"招贤纳士"

沃尔特希望片场里都是能够绘出更流畅、更真实动画的一流画家。他征召了300名商业画家和建筑师,以及来自全美各地的新兴艺术家——这些人全部为男性,因为沃尔特认为男性画的动画最好,女性者擅长做诸如调色、上色之类更烦琐的工作。

为画家提供用以改变实践的培训和工具,是打造迪士尼公司伟大团队的第二步。

沃尔特大力培训新人及原有下属,让他们成为艺术家,而不再是只画有趣人物的一流画匠。他把员工送去就读身价不凡的洛杉矶乔伊纳德艺术学院夜间部,有时还亲自驾车接送。后来,在片厂他也开办了艺术学校。他请来的客座讲师包括著名的建筑大师弗兰克劳埃德赖特,介绍他们对动作、色彩心理学、幽默的独到研究,以及他认为画家所需要的其他课程。

前瞻未来、未雨绸缪是伟大团队领导者的标志。沃尔特表示:"这些课程很花钱,可是我必须让我的人对将来有所准备。"结果这些有才之士都成了技巧卓越的迪士尼动画家,也为片厂奠定了基础。1961年,沃尔特捐出4 000万美元协助创设加州艺术学院,一般人都知道这是"迪士尼创办的学校",也是全球最重要的动漫画家训练学校,最好的学生必定会在毕业前就加入片厂。

迪士尼公司就像许多伟大的团队一样,能够迅速地接触新技术,并加以更新。1928年的《蒸汽船威利号》使用了一项新技术,让声音与影像同步。1932年,迪士尼公司变成了第一家使用彩色电影拍摄技术的片厂。当其他片厂还在新技术面前裹足不前时,迪士尼公司立刻看出它在美学上的潜力,着手将一部当时最受欢迎的《糊涂交响曲》系列,制作成一部彩色短片——《花与树》。结果这部短片在1932年赢得第一座奥斯卡最佳动画短片奖。迪士尼公司明白色彩能够激发感情、强化逼真感,是改进艺术创作的最主要的利器。

伟大团队的领导者通常会以英王亨利五世发动阿金库尔战役前的演讲手法来提振士气。他们向下属士兵保证,虽然将面临一场敌众我寡的殊死战斗,但最后的结果值得人人为之奋战,那就是拯救或改变世界。个人或许会战死沙场,但壮志却得以伸张。更重要的是,他们共同的奋斗会使大伙儿变成水乳交融的兄弟。

沃尔特带领他的伟大团队,制作出第一部卡通长片《白雪公主与七个小矮人》时,也是在这种庄严的氛围下,发表了同样的演说来建立共识,同赴战场。沃特尔警告说,他们的创作有多么困难。在发明静电印刷和计算机模拟真实动作技术之前,连一头母牛跃过月亮的简单连续动作,都必须绘制几千张图画。即使八分钟的动画短片在当时都是一项浩大的工程。这不仅是一部卡通长片,更是一种新的形式,充满戏剧性,并且富有情感。他们必须做到其他动画家未曾达到的境界。

起初大多数旁观者,甚至包括他的哥哥兼合伙人罗伊,都认为沃尔特这个计划是愚蠢的行为。伟大团队的领导者是"希望"的经营者,但并非是"理性"的发言者。领导者的信念往往最坚定。沃尔特从来不怀疑自己拍不出《白雪公主与七个小矮人》,他的哲学简单却极具启发性:"只要你能想到,你就能做到。"《白雪公主与七个小矮人》最初是在沃尔特心中以一格一格画面构成的。没有人怀疑沃尔特对这部电影的构想。为了让团队成员更好地了解剧本,1934年的某个夜晚,沃尔特将画家们集合在一座空荡荡的舞台前,面对着一个灯泡,把整个故事完整地演绎了一遍。众人在折叠椅中看见及听到了全部的剧情:白雪公主如何与七个小矮人见面;每个小矮人各有什么样的弱点;美丽而又狡猾的皇后如何变成干瘪的巫婆;那个可怕的毒苹果;最后把昏睡中女主角唤醒的一吻。

在表演当中,沃尔特精湛的演技打动了所有的画家,恶毒皇后是他创作的十恶不赦的诸多女性角色中的第一位,他把她恶毒的形象演绎得栩栩如生,当他表演到巫婆拿毒苹果给白雪公主时,他将上衣拉起来盖住头部,犹如巫婆的斗篷,逼近天真无邪的受害者,那个诱人的苹果似乎真的就在他的手中,当扮演成白雪公主的沃尔特被王子吻醒时,几位现场的动画家当场流下了眼泪。沃尔特的演出就是一幕活剧本,他使画家们一次又一次竭尽全力完成了创作。

沃尔特显现了伟大团队领导者的一项特质:他不会事必躬亲,不在他们与问题搏斗之际半路打岔,而是在下属专家解决了大部分问题后才介入。沃尔特最喜欢对员工说:"不要来找我要答案,我只要你们征求我的同意。"[1]

---

[1] 沃伦·本尼斯. 七个天才团队的故事[M]. 赵岑,徐琨,译. 浙江:浙江人民出版社,2016:41-50.

思考：

结合本章内容，分析沃尔特作为全球最大娱乐公司的创始人，是如何专注于自己职责并将迪士尼打造成为业界翘楚的。

9　高阶领导力培养三——
　　知人善任

　　用人所长是卓有成效的管理者必须具备的一种素质,是一个组织工作是否有效的关键。

——彼得·德鲁克

> 很多人都听过这么一个寓言：森林里举办一场动物三项全能运动会，比赛项目包括跑步、游泳、飞翔，每个项目满分10分，按名次排列依次递减，总分最高者获胜。在跑步项目中，猎豹一马当先，迅速甩开其他选手，轻松夺冠。在游泳项目中，青蛙以优雅娴熟的技巧征服了评委，夺得冠军。在飞翔比赛中，老鹰一飞冲天，在空中自由翱翔，赢得第一名。然而，根据比赛规则，这三名单项冠军由于其他项目全部弃权，因此只有单项的分数。名不见经传的鸭子，由于素质全面，既能够在陆地上奔跑，又能够在水里游泳，还能够飞上草丛，因而各个项目均有所斩获。最后，鸭子以全面的优势赢得了"森林全能冠军"称号。

看到这里，大家都会莞尔一笑，觉得这种比赛过于荒唐。但是，如果我们从管理的角度来重新看待这则寓言，就会发现，现实中的动物全能运动会考核在我们周围比比皆是。公司的高阶领导者往往也会被全能冠军的称号所迷惑，在用人选择方面往往选择所谓的全能型人才，结果在重要的岗位上均由各类鸭子型的管理者把控，公司的绩效可想而知。从现代生物学的研究来看，对于个人而言，我们每一个人都是独一无二的，每个人的DNA结构都有差异，每一个人都有不同的生物密码，因此，苛求所有人在各方面样样精通是不可能的事情。随着社会化分工越来越精细，每个人只要在特定的领域里做到最好，就能够为组织创造绩效。高效能的领导者应当懂得其中的奥妙，因此我们要接受每个人都是不完美的这个事实，就像乔布斯在苹果4系列手机天线门事件发生后的媒体发布会上说的："我们都不完美！"作为领导者，我们要能够容忍下属的缺点，我们的职责是找到下属的优点并将其用到极致。春秋时期四公子之一的孟尝君善于招贤纳士，其历史典故"鸡鸣狗盗"的故事，揭示了独特人才的特殊价值。

9 高阶领导力培养三——知人善任

> 孟尝君客无所择,皆善遇之。人人各自为孟尝君亲己。秦昭王闻其贤,乃先使泾阳君为质于齐,以求见孟尝君。……齐湣王二十五年,复卒使孟尝君入秦,昭王即以孟尝君为秦相。人或说秦昭王曰:"孟尝君贤,而又齐族也,今相秦,必先齐而后秦,秦其危矣。"于是秦昭王乃止。囚孟尝君,谋欲杀之。孟尝君使人抵昭王幸姬求解。幸姬曰:"妾愿得君狐白裘。"此时孟尝君有一狐白裘,直千金,天下无双,入秦献之昭王,更无他裘。孟尝君患之,遍问客,莫能对。最下坐有能为狗盗者,曰:"臣能得狐白裘。"乃夜为狗,以入秦宫臧中,取所献狐白裘至,以献秦王幸姬。幸姬为言昭王,昭王释孟尝君。孟尝君得出,即驰去,更封传,变名姓以出关。夜半至函谷关。秦昭王后悔出孟尝君,求之已去,即使人驰传逐之。孟尝君至关,关法鸡鸣而出客。孟尝君恐追至,客之居下坐者有能为鸡鸣,而鸡齐鸣,遂发传出。出如食顷,秦追果至关,已后孟尝君出,乃还。始孟尝君列此二人于宾客,宾客尽羞之;及孟尝君有秦难,卒此二人拔之。自是之后,客皆服。[①]

作为美国工业时代的代表人物,"钢铁大王"卡内基在其墓志铭上刻着一句话:"长眠于此的是一位善用英才之人!"卡内基的一生可谓跌宕起伏,在年轻的时候抓住美国工业化的机遇,成为"钢铁大王"。虽然卡内基本人对于钢铁制造一窍不通,但是他作为一个高效能的领导者,拥有超人的眼光,总是能够找到一流的专业人才并把他们放在个人最擅长的领域,并充分授权,因此卡内基的公司迅速发展,并最终成为行业的巨头。从卡内基的成功经历可以看出,高阶的领导者必须能够善于发现每个人的长处,并充分地提供合适的空间与舞台任其发挥,这样必然为组织带来巨

[①] 张大可,丁德科. 史记观止[M]. 北京:商务印书馆,2019:110-112.

大的绩效提升。

9.1 了解他人的长处

高效能的领导者在选拔下属时，率先考虑的问题是："他有哪些专长可以为组织所用？"领导者并不关心下属是否能够与自己相处融洽，也不关心他有哪些缺点，他最关心的是"下属是否能够在某些方面技压群雄"。很多明星型的员工都会有某些方面的缺点，比如许世友将军，一向以脾气暴躁出名，但毛泽东非常欣赏许世友的耿直性格，并认为他是一名对党忠诚、勇敢善战的优秀将领，亲自找他谈心，并委以重任，后来在解放战争中许世友表现优秀，亲自指挥了解放济南的战役，仅用8天时间就全歼了国民党的王牌部队，活捉了王耀武这样的黄埔名将，开创了我军攻占敌军大城市的先例，并为淮海战役的胜利打下了坚实的基础。反观蒋介石一方，在淮海战役期间，为了平衡各方面的关系，将徐州总指挥的职位给了平庸的刘峙，蒋介石认为刘峙的最大优点就是听话，严格执行自己的命令。淮海战场上双方实力接近，兵力上国民党军占优，但是统帅的无能及战场上缺乏随机应变的能力，最终导致国民党军几乎被全歼。

找到自己的长处并加以运用是每一个人都渴望去做的事情。高效能的领导者在选拔人才时，要依据这个原则来考察下属。每个人的性格不同，因此所擅长的领域各不相同。比如外向型的人才就喜欢跟外界交流，喜欢与人接触，热衷于参加各种集会及活动，这对于组织而言，恰恰是营销、市场方面所需要的人才类型；还有一类人不擅长与别人交流，更愿意自己默默地研究各种技术、分析数据等，领导者完全可以为他们提供一个相对独立的空间，供他们去研究与分析，因为他们是公司研发及财务分析方面所需要的人才。他们不需要与外界接触太多，只需要把他们所熟悉的领域的事情专注地做好就行，财务人员更需要研究数据及其背后所包含的成本与预算的各种关系,并为公司的盈亏做出准确的估算。对于一些下属的缺点,领导者要尽量避免让他们从事与自己短板相关的业务,比如上述的两种类型的人才,如果进行岗位交叉互换,将会给组织带来灾难性的后果。

9.2 根据组织的需要来设立岗位职责

高效能的领导者应该严格按照组织的需求设立岗位职责。但是在执行的过程中,往往会为了填补岗位空缺而出现降低标准的现象,很多高阶管理者为了填补职位的空缺,在有限的候选人中挑选能够相对满足需求的人来担任。结果往往是该管理者在此岗位上很难体现出岗位所需要的绩效。

> 在《三国演义》中,马谡这个人物其实就是不符合用人原则的岗位错配。马谡本人熟读兵法,经常为诸葛亮充当参谋角色,在七擒孟获过程中也表现了自己一定的谋略,因此赢得了诸葛亮的信任。在诸葛亮六出祁山时,街亭的战略位置尤为重要,一旦失手,将使蜀军首尾无法相顾,陷入极大的被动。马谡立下军令状,愿意承担一切责任来赢得守街亭的重任。诸葛亮苦于蜀中人才处于青黄不接之时,一时也没有更加合适的人选,加之马谡平日能言善辩,就将此重任委托给马谡。
>
> 马谡到达街亭后,不按诸葛亮的指令依山傍水部署兵力,却骄傲轻敌,自作主张地将大军部署在远离水源的街亭山上。当时,副将王平提出:"街亭一无水源,二无粮道,若魏军围困街亭,切断水源,断绝粮道,蜀军则不战自溃。请主将遵令履法,依山傍水,巧布精兵。"马谡不但不听劝阻,反而自信地说:"马谡通晓兵法,世人皆知,连丞相有时也得请教于我,而你王平生长戎旅,手不能书,知何兵法?"接着又洋洋自得

地说:"居高临下,势如破竹,置之死地而后生,这是兵家常识,我将大军布于山上,使之绝无反顾,这正是制胜之秘诀。"王平再次谏阻:"如此布兵危险。"马谡见王平不服,便火冒三丈说:"丞相委任我为主将,部队指挥我负全责。如若兵败,我甘愿革职斩首,绝不怨怒于你。"王平再次义正词严地说:"我对主将负责,对丞相负责,对后主负责,对蜀国百姓负责。最后恳请你遵循丞相指令,依山傍水布兵。"马谡固执己见,将大军布于山上。魏明帝曹睿得知了蜀将马谡占领街亭,立即派骁勇善战并多次与蜀军交锋的曹魏名将张郃领兵抗击,张郃进军街亭,侦察到马谡舍水上山,心中大喜,立即挥兵切断水源,掐断粮道,将马谡部队围困于山上,然后纵火烧山。蜀军饥渴难忍,军心涣散,不战自乱。结果,张郃命令曹军乘势进攻,蜀军大败。马谡失守街亭,战局骤变,迫使诸葛亮退回汉中。

诸葛亮回到蜀国,感叹先帝刘备的眼光,当时刘备在托孤时就曾告诫诸葛亮,马谡这个人徒有其表,言过其实,难堪大任。由此可见,在用人眼光方面,刘备远胜诸葛亮。

在组织岗位的设定上,高效能的高阶领导者一定会从组织的整体需要出发,围绕着组织整体目标的达成来设定岗位。每个岗位之间其实是环环相扣、相互依存与支撑的,如果由于跟某个下属关系密切而降低岗位的职责标准,将会给组织带来极大的危害。因此,很多高效能的领导者与下属都保持一种有限的距离。通用汽车的传奇 CEO 斯隆是高效能领导者的典范,他与任何下属都保持一定的距离,双方之间仅限于工作上的关系。因此在人事任免方面,斯隆始终保持一种客观公正的视角,他选拔的人才最后证明都是符合岗位需求的杰出领导者。恰恰是这种客观公正的态度,才能够使组织接纳各种类型的专业型人才,给予其充分的空间发展其专长,为组织创造绩效。职务的设计必须客观，根据任务来设计，而非因人设岗。唯有如此，在同一个组织中才能包容各种性情和性格不同的人。要容忍歧义，组织中的关系必须着眼于"事"，而非"人"，必须以客观的标准来衡量每个人的贡献与绩效。

9.3 确保岗位设立的合理性

　　高效能的领导者要确保组织岗位设立的合理性，防止由于职位设定的不合理造成人才无法胜任的现象。高效能的领导者如果发现组织中的某个职位，接连换掉两三任负责人都无法胜任时，就要开始认真考虑该职位的设定是否出现问题，尤其是这几任负责人在其他岗位上都一贯表现优异时，更应该反思该岗位设计得是否合理。这种情况在高速发展的企业中常会出现。比如说一家企业在初创时，人员有限，一个人往往身兼多职，原先的副总裁可能既负责研发又负责生产制造。但是随着业务的不断飞速发展，他将很难兼顾两头，这个时候就要考虑将该职位进行拆分，分别由不同的人来负责研发与生产。同样，在市场营销的书本中，常常建议将市场营销与销售划归统一的部门来进行管理，但是从企业的实际运营经验来看，二者往往很难统一。前者需要通过市场的手段来进行品牌的宣传与塑造，更多的是投入资金来进行推广，后者是通过渠道及各种促销手段来吸引消费者完成购买决策，并为公司赚取利润。二者在各自的职能划分上存在很大的差异，因此需要拆分成不同的部门来进行专业化的管理。跨国公司在扩张过程中也存在以下问题：当海外公司的销售额所占比重越来越大时，跨国公司往往将其划归到母公司统一管理。但由于市场需求不同，容易造成管理混乱，无法有效地进行决策，因此，跨国公司往往在海外市场的产品销量超过总销量的20%之后，重新进行组织规划，基于不同的产品需求，采取矩阵的方式来进行管理，成立专门的海外产品事业部，有人专门负责产品的研发与生产，有人负责统一的产品销售与市场推广活动。

高效能的领导者会随时审视自己组织的各项岗位是否合理，并根据组织的发展与外界环境的变化，随时跟进组织的需求并对岗位进行动态的调整，确保每个岗位的设定都能够客观公正地帮助组织提升绩效。

9.4 制定高标准

高效能的领导者对于每个职位的设定，都有严格的要求。他们从组织的角度出发，对于每一个职位的贡献都要与组织的绩效相互关联。他们会扩大每个职位的格局，会将工作设定得更加具有挑战性，其目的是最大限度地激发员工在这个职位工作时的潜力。

"领班每天与员工生活工作在一起，下面连着员工，上面连着店长，是企业的黏合剂，作用很重要。怎样做好一个领班？我觉得我们农村人常说的'村看村，户看户，群众看干部'这句话，是一个很有用的启发。

"领班的第一职责是起到带头作用。带头作用不仅是指上班时，脏活儿、累活儿干在前，也包括下班后，对公司制度要起带头的执行作用。比如我们一个店长，过年聚会时她向员工郑重宣布纪律，要求大家不要喝醉。结果所有人没醉，她醉了，醉得大闹宿舍，成为大家的笑谈。从此，她的威信大打折扣。

"领班的第二职责是关心员工。一个好的领班不能只把关心员工理解为有病关照和关心生活，更重要的关心是教会他们独立生活、承担责任、不断进步。如果一个员工在你手下连续做了两年的普通员工，那么你在生活中再关心她，她事后也不会感激你。为什么？你耽误了人家的青春。要么让她进步，要么放弃她,让她去别的地方谋发展,这才是对员工最好的关心。正如张大哥对我们的关心一样,他让我们用双手改变命运,这比任何关心都更有效、更长久。

"领班的第三职责是协调安排。如果一个领班只会起带头作用和关心下属,而不会协调安排,那他只能当劳模。我们有些领班就是不明白这个道理,客人多时,他们不是在上菜,就是在走动,忙得不亦乐乎,可是有些新员工却在手足无措地站着。领导批评他们,他们还很委屈。这些领班就不知道蚂蚁搬家的道理,所有蚂蚁都能忙,但一定有一只大蚂蚁在旁边协调安排。"① 这是海底捞的片区经理助理方双华在给领班培训的课程上所提到的海底捞领班的职责。

对于一般的餐饮企业而言,领班的权力非常有限,他们也没有做出决策的权限。在海底捞,领班是一线员工的带头人,拥有很大的权限,比如客人如果对服务不满意,领班是可以给客人免单的。海底捞对领班的职责要求非常高,不仅要自己业务能力出众,还要有能力培养新员工,倡导"用双手改变命运"。通过对于领班职责的精准定义,我们也不难看出为什么海底捞的服务做得如此的细致、到位。只有顾客想不到,没有海底捞做不到,这与领班的模范带头作用是息息相关的。

在电视剧《大决战》中淮海战役的战场上,原国民党俘虏改造的解放军战士丁大胜,在国民党军队服役期间,溜奸耍滑,每次打仗都缩在后面,被我军改造之后,看到我军的干部个个身先士卒,尤其是选择自己的班长,处处为自己着想,冲锋的时候始终带领大家冲在最前方。班长时刻教育丁大胜,我们是为自己的命运前途而打仗,是代表着广大贫困大众的根本利益。在班长的教育鼓舞下,丁大胜明白了自己的职责,不再贪生怕

---

① 黄铁鹰. 海底捞你学不会 [M]. 北京:中信出版社,2011:56.

死，在敌人猛烈炮火的阻击下，毅然抢在班长前面，以自己生命为代价，扛起军旗，为我军炮手标明了敌军暗堡位置，最终全歼敌人。

从上面两个案例中我们不难看出，同样的人，在不同的责任与标准的引导下，会产生完全不同的行为结果。领导者的职责就是把工作的职责提升并赋予它崇高的意义，从而激发追随者的内在潜力，并极大地提升工作的绩效。

9.5 如何有效地发现下属的专长

对于目前主流的西方管理学而言，绩效评估是组织不可或缺的工作。每到年底，各类组织的主管都要忙于对自己下属员工的表现进行评测，并根据各项绩效指标来考核员工的达标情况，甚至实行末位淘汰的制度，搞得组织人心惶惶。而各项考核问卷的设计往往是基于员工各项指标的均衡，结果往往是很容易找到每个员工的缺点，而对于员工优点的发现并无多大的帮助。同时，由于绩效考核表上的各项指标都是基于工作的职责设定的，无法反映员工对于工作的真实感受以及工作赋予员工的意义所在。因此，在大多数组织内部，绩效考核都是主管们很头疼、员工很不满的一项工作，考核的最终目标，更多的是为了年终奖金，结果反而造成组织内部不团结现象的出现。

高效能的领导者更多地采取积极引导的方式来发挥下属的专长。他们不关注下属有哪些缺点，而是聚焦于下属的长处，并根据其特长来匹配其工作职位。他们更关心下属是否能够在岗位上充分展现自己的专长。为此，他们通常通过以下的方式来对下属进行绩效的评估。

9.5.1 该员工目前在哪些领域表现出色

高效能的领导者在考察下属绩效时，更加看重的是下属做得出色的地

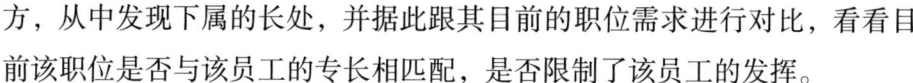

方，从中发现下属的长处，并据此跟其目前的职位需求进行对比，看看目前该职位是否与该员工的专长相匹配，是否限制了该员工的发挥。

9.5.2　该员工未来能够在哪些方面表现出色

这是从培养人才的角度来进行考量的。鉴于该员工目前的业务领域表现，未来如果把他放在某个更适合其专长的位置，该员工是不是有更多的潜力能够展现出来？目前公司内是否可以提供这样的平台来对该员工进行测试？

9.5.3　为了更好地发挥该员工的专长，他需要学习哪些知识与技能

这是高效能的领导者对于人才培养的长效机制的考虑。为了帮助员工更好地在职业生涯中成长，组织应当为其提供必要的培训，使他们能够在更广阔的舞台上发挥更大的潜力。

9.5.4　会让自己的子女做这样员工的下属吗

这是从道德的角度对该员工进行全面的评测。这也是唯一一个与个人长处无关的问题。组织里有很多精明强干、野心勃勃的年轻人，他们通常喜欢作风强硬的上级，并以此为榜样。而在组织中最危险的就是这些作风强硬但是行为腐败的高层管理者，这些人可能能力很强，但是缺乏核心的价值观与底线，自己独立做事尚可，一旦大权在握，就会导致组织的价值观被摧毁，对组织造成毁灭性的打击。安然与世通公司的高层管理人员就是这种典型的反面教材，他们为了一己私利，把原本正常经营的企业一步步地打造成靠财务造假及内部交易的方式在股市上非法获利的公司，公司的实际业务被日渐侵蚀，最终东窗事发，导致公司倒闭。因此，对于这样的下属，领导者必须高度警惕，必要的时候宁缺毋滥。

9.6 聚焦长处

但凡在某些领域里有特殊才能的人，大都行为异于常人，或狂放不羁，或某些方面缺点明显。比如诗仙李白，才华横溢，出口成章，俨然是中国唐诗的巅峰代表，但是李白嗜酒如命，经常在醉酒之后写出绝世佳作。李白一生很想出仕，但是唐玄宗显然是不会让一个嗜酒如命的人去做官的，只会在饮酒作诗时叫李白陪伴。美国的篮球明星罗德曼绰号"大虫"，性格特立独行，但并不妨碍他在场上对于篮板的绝对控制权，当其早年在活塞队效力时，硬是淘汰了乔丹领衔的年轻的芝加哥公牛队，后来转会公牛队，与乔丹、皮蓬组成铁三角，共同缔造了公牛王朝。罗德曼由于性格张扬，很多球队都无法融入，只有在芝加哥公牛队，传奇教练"禅师"约翰逊能够充分调动其场上的积极性，并将其打造成为缔造公牛王朝的传奇铁三角之一。

作为高效能的领导者，关键是要看到下属的长处，并考虑如何将其长处与最适合发挥的职位相匹配。在考虑某个职位是否匹配员工的专长时，他们通常会思考以下三个问题。

9.6.1 该员工是否具备某些方面的专长

这是从基本的职位能力需求角度来进行评估的，即该员工的能力是否满足该职位的基本需求。

9.6.2 该员工的专长是否与该职位相关

这是从员工的专长与职位的匹配度方面进行考量的，即这个员工是否真正能够在这个职位上充分发挥自己的专长，这个职位是否能够使该员工人尽其才。

9.6.3 假如该员工能够充分发挥自己的专长，该职位的绩效可否大幅提升

这是领导者在判断员工长处的正常发挥，将会给该职位的绩效带来多大的转变。如果认为效果明显，则可以将该职位授予该员工。

对于一个高效能的领导者而言，最不能容忍的事情就是某个下属对于其员工的评价是"不可或缺"。对于领导者而言，"不可或缺"通常包含以下三个层面的意思：第一，他的水平非常差，只能够在这个岗位上受到特殊对待才能生存；第二，他的上级水平很差，只能依赖他才能够完成绩效，因此限制了此人的能力发挥；第三，他的上级为了拖延或者隐瞒某个严重的问题，需要滥用他的专长。因此，对于此类"不可或缺"的人才，无论是哪种情况，领导者都应当尽快将该员工调离原来的岗位，以免浪费该员工的长处。

高效能的领导者唯有在其下属的弱点会影响到其专长发挥时，才会关注其弱点。大多数情况下，对于每一个职位的任命，都是一场赌博，任用在该职位上有专长的人，至少胜算的概率要大很多。当今的社会，各类组织的核心职位对于知识型人才的需求越来越广泛。对于每一个知识型员工而言，发挥自己的专长，是他们最渴望的事情。因此，对于高效能的领导者而言，将员工放在最适合其专长发挥的位置，对于组织的绩效与员工个人绩效的发挥都有着重大的意义，这也是每一个领导者应当关注的核心所在。

9.7 如何有效地向上管理

管理下属，对于很多管理者来说不是什么太大的问题，但是如何有效地与上级进行沟通，他们常常不得要领。实际上，对于高效能的领导

者而言，向上管理与管理下属的方式是一样的，关键是能够有效地发挥上级的专长。

对于任何一个组织而言，如果他的上级领导不能够有效地发挥作用，无法展现该职位的绩效，无论他的副手多么能干，最终在该领导被撤换时，副手也很难得到提拔，替代其上级的位置。组织通常会从外部空降一个领导，该领导通常也会带一个自己聪明的副手；反之，如果自己的上级领导绩效卓越，得到了提升，自己也会顺利地得到提拔，从而达到共同的进步。因此，对于高效能的领导者而言，关键是要学会发现上级的长处。上级跟你的下属一样，也是普通的人，有自己擅长的领域，也有自己的短板。对于高效能的领导者而言，需要迅速地发现上级的长处，尽可能创造机会让上级去充分地发挥与展示自己的长处；同时，用自己的长处来弥补上级的缺点与不足，从而使上下级关系融洽、沟通顺畅，组织的绩效可以得到最大的发挥。

清朝湘军早期的创建人——湖北巡抚胡林翼，堪称向上管理的典范，胡林翼本人能力出众，是曾国藩最为敬重的人。早期曾国藩办团练时由于不懂得人情世故，所以处处受制，在胡林翼的指点与帮助下，才逐渐建立了名震天下的湘军，可以说胡林翼是湘军早期的灵魂人物，在向上管理方面，胡林翼非常懂得如何发挥上级的长处。

> 胡林翼升任湖北巡抚后不久，朝廷即将时任荆州将军的官文擢升为湖广总督，用以牵制胡林翼，以防汉族地方武装做大。对于官文这个人，胡林翼早有了解：官文身边被小人包围，手下的官员多是无耻之辈；官文集团的作风，是妒贤嫉能、溜须使坏。
>
> 面对奸邪小人，胡林翼有两种选择：一是把官文赶走，二是与他斗争。可是这两个办法都不行。斗争会造成内耗，让官文的下属抵制自己，使自己的政令在湖北行不通。赶走，朝廷

还会再换一个旗人过来。以汉人任湖北巡抚，以旗人为湖广总督，这是朝廷既定的政策，而官文这个人，在旗人官僚中还不算是最坏的。虽然自私自利、城府很深，但毕竟他胸无大志，只图安享尊荣，比较好摆弄。赶走这一个，可能来一个更坏的。

胡林翼为了与官文交好，采取了夫人路线。官文的家事，都是由其小妾和家丁管理，所以胡林翼千方百计讨好官文的小妾，让自己的母亲认官文的小妾为义女，自己就成了官文宠妾的义兄，从此"家人往来如骨肉焉"。

胡林翼主动让功，把原本归自己支配的荆州道竹木税盈余划给官文。在镇压太平天国的运动中，一旦前线取得捷报，就都将功劳由官文代表统一呈报朝廷，官文既得到了大量钱财，又满足了虚荣心，也就不得不被胡林翼"左右之"。从此"督抚若为一体"，"团结如一人"。官文尽可能地为胡林翼从朝廷争取各种政策，对于湖北所有的军政事务，皆由胡林翼一手操办。官文一概不予过问。通过这种方式，胡林翼从朝廷中争取了大量的资源与支持，为湘军的建立做出了巨大的贡献。

为了更好地发挥上级的长处，高效能的领导者通常会问自己以下问题。

9.7.1　自己的上级在哪个领域表现得比较突出

这个问题是你开始有效向上管理的第一步。你首先要明白自己上级的特长在哪个领域，在该领域与上级进行请教通常会打破沟通的僵局，很快拉近你与上级之间的距离。

9.7.2　他需要了解哪方面的资料才能够更好地发挥他的专长

从上级的视角帮助他解决问题，注意如果他需要发挥自己的专长，会关注哪些方面的信息与数据。一旦发现，就要认真地整理与准备，以便必要的时候以合适的方式提供给上级。

9.7.3 自己可以为上级提供哪些帮助，从而使他有更好的发挥

根据上级的专长，在自己的权力范围之内提供给上级可以发挥的舞台。比如说，如果上级很喜欢发表公开的演讲，喜欢在公共场合抛头露面，就可以在拜访重要客户时或需要公司重要人物出场的外事活动中安排上级参加，他多半会欣然前往，并会有精彩的表现。同时，他对你的看法和态度也会有很大的改变，他会更加愿意倾听你的意见。

为了更高效地与你的上级进行沟通，你要明确自己的上级属于什么类型的领导。对于高级管理人员而言，时间非常宝贵，他们每天需要审阅很多报告，因此，为了提升效率，他们通常会用两种方式跟下属负责人进行交流：

对于阅读型的上级而言，他们通常都比较关注各类细节，同时希望从书面报告中得到尽可能详细的信息。他们一般很少与下属进行长时间的交流，或是在获得详细的报告前，一般不与下属交流。对于这一类型的上级，通常应该认真准备报告，一些关键的数据与细节以及逻辑思路都要在报告中完整地呈现出来，这样上级才会了解你做的事情的意义。

对聆听型的上级而言，他们通常不喜欢看长篇大论的报告，他们喜欢下属将所有的事情浓缩成一页报告呈报给自己，自己通常会将当事人叫来进行面对面的沟通，在沟通的过程中掌握各种关键信息。对于此类上级，通常应当在浓缩型报告中体现自己做的事情的意义，从而引起上级的关注与兴趣。同时，自己应该做好各项功课，熟记各种关键的数据与信息，以便跟上级交流时能够准确地提供上级所需要的信息。

要想更好地向上管理不同的上级，高效能的领导者需要认真把握上级的专长到底在哪一个领域。要想帮助上级有效地发挥专长优势，高效能的领导者会认真地根据上级的专长来调整汇报内容的先后顺序。比如说，上

级是技术型领导出身，高效能的领导者就会从技术的角度优先对报告进行阐述，这样就可以更加有效地帮助上级迅速抓住报告的重点，从而迅速做出决策。

9.8　了解真实的自我

高效能的领导者能够客观地审视自己的优点与缺点，知道如何运用自己的长处去领导下属创造更好的绩效。同时，他们也了解自己的短板，对于自己不擅长的事情，通常会交给在该领域拥有专长的下属来完成。为了更好地发挥自己的绩效，高效能的领导者会认真总结自己的特点，他们不会盲目地去模仿别人，每个人的情况都是独一无二的，他们深知客观地审视自己是帮助自己发挥绩效的最有效的手段。

每个人的生物钟规律都不同，比如说有的人习惯于在早起时思考处理各种重要的问题，有的人在夜里能够静下心来进行写作，有的人在下午两三点钟谈判表现最好。在自己的状态最好的时刻处理重要的事务，将会极大地提升自己的绩效。因此，高效能的领导者会认真地掌握自己的生物钟规律，将最有效的状态和自己的长处结合起来，用来处理最为重要的事务，从而使自己的绩效得到大幅的提升。

小结

高效能的领导者在用人方面考虑的是如何发挥下属及上级的长处。他们从来不会从缺点的角度出发，对下属进行传统的绩效考核。他更加关注该员工的长处与组织绩效的提升。对于不同的下属，他会充分考量其长处到底在什么领域，目前的职位是否能够与该下属的长处相匹配，如何才能让该员工的长处得到最大限度的发挥。他们通常从以下几个方面来对员工进行考察：

（1）该员工的专长在哪个领域？

（2）该工作职位是否能够发挥该员工的专长？

（3）该工作职位是否得到有效的设计？

（4）该员工如果要进一步地发挥专长，还需要加强哪方面的培训？

（5）假如我的子女要成为该员工的下属，我是否同意？

在向上管理方面，高效能的领导者同样聚焦于如何帮助上级更好地发挥自己的专长，他们会根据上级的专长为其提供各种帮助与服务，让他们的绩效得到有效的提升。为此，他们会问自己以下三个问题：

（1）我的上级在哪个领域表现得比较突出？

（2）我的上级需要了解哪方面的资料才能够更好地发挥他的专长？

（3）我可以为上级提供哪些帮助，从而使他有更好的发挥？

案例分析

如何摆脱普光电器的经营困境

普光电器原本是北京市某区属的器件厂，主要生产光电器件，其客户主要是军工企业。由于缺乏竞争意识与创新精神，该企业在行业中的竞争力不断下降，在新任总经理王宏宇到任之前，该公司的年收入不过百万元，连年亏损，已经资不抵债，公司产品缺乏竞争力，还有500多名员工需要安置，负担很重，积累不足。厂里当时有三位厂级领导：党委书记刘强，老成持重，已经58岁，面临退休；主管生产的副厂长张凡，49岁，工作认真细致，墨守成规；主管销售的副厂长吕强，35岁，有冲劲。此外，还有11个中层干部，分别是：一个办公室主任、一个财务处长、一个研发部主任、4个车间主任、一个人事处长、一个综合处处长，还有两位副职。作为厂里的重要核心力量，目前的研发部主任杨志也已经50多岁了，水平有限，对大学生和研究生有偏见（以往招聘的大学生都没有扎下根来，鉴于企业的状况，很多都流失掉了），但杨志的威望较高，而且得到了老书记的认可，同时，多年的技术积累与服务工作也得到了很多客户的认可，拥有较好的客户关系。当时厂里已经人心涣散，老书记只想着如何顺利退休，其他领导也各有各的想法，根本无法拧成一股绳。

　　王宏宇在困难面前并没有退缩，而是积极寻找解决问题的办法。首先他需要做通老书记的工作。通过多次交流，王宏宇利用老书记对于企业的感情以及对员工负责的态度，说服老书记愿意为企业杀出一条血路，为员工谋划一条出路。通过观察，王宏宇发现主管销售的副厂长吕强喜好足球，好喝酒，他就送球票给吕强，并约吕强一起喝酒。经过几次的酒桌交流，他充分了解了吕强的优点与缺点，并与吕强成为哥们儿。他为吕强划定了几条不能逾越的界限后，充分对吕强授权，彻底调动了吕强的积极性与责任感。对于张凡，王宏宇对他的能力表示了充分的肯定，军工企业的品质是第一位的，认真细致、墨守成规可能是产品质量最好的保证。为了提高企业的研发水平，王宏宇计划招聘高水平的研发人员。目前的研发主任显然不适合这个工作，经过与老书记协商，王宏宇将杨志提拔为厂里的总工，并交给了他一项重要的任务：利用他多年的客户关系，到每个客户那里拜访客户，充分了解客户的需求、未来的技术发展方向以及对企业的要求。随后，从苏州高薪聘请了几个年轻的技术专家，同时又招聘了几个研究生。为了解决人才留不住的问题，他多次与这些专家、研究生吃饭、沟通，甚至一起唱歌，了解他们的想法，解决他们的实际困难，直接给这些专家压担子，并请专家当导师带研究生。他还经常和这些人一起探讨技术问题，组织他们一起活动，在研发人员中建立起一种非常和谐、团结、活泼的氛围；他积极鼓励研发人员创新，宽容失败，获得了研发人员的认可，研发人员的流失率大大下降。对待工人，他也一视同仁，用真心换取了工人的一致认可。在一次技术改造中，虽然争取到了军方的支持，但需要自筹资金，在危急时刻，他向员工提出了集资，员工纷纷慷慨解囊，最终公司顺利筹集到所需资金。当项目完工后，他立即将员工的集资连同高额的利息返还员工，企业和员工获得了双赢，王宏宇进一步赢得了员工的信任。

在王宏宇的不断努力下，公司的经营逐渐走上正轨。由于获得了充分的授权，吕强在销售领域闯劲十足，厂里的产品销售收入稳步上升，客户的认可度大幅提高。王宏宇在捋清内部关系后，亲自与吕强一起拜访客户，了解竞争对手的状况，制定市场营销战略，运用各种方式提升自己产品的市场占有率。原研发负责人杨志在提升为总工后，登门拜访客户，令原有的客户非常感动，让客户感受到了厂家的重视，非常愿意将自己的需求、新的市场发展趋势与心得跟杨志分享。杨志凭借自己多年对技术的洞察与理解，为厂里的研发部门提供了非常有价值的建议和方向，研发人员的效率得到了极大的提升，客户的满意度也大幅提高。为此，王宏宇派出了更多的研发人员去拜访客户，聆听一线客户的需求，并根据客户的需要，不断创新和完善自己的产品；同时，紧盯国际相关领域的前沿技术，推出国产化的替代产品。

在王宏宇的积极引导下，整个公司出现了欣欣向荣的局面，一跃成为该领域的龙头企业。[①]

思考：

运用知人善任的相关理论，分析王宏宇如何带领企业摆脱困境。

---

① 资料来源：吴维库. 领导学［M］. 北京：高等教育出版社，2012.

10 高阶领导力培养四——
聚焦未来

> 聚焦主航道,进入无人区。
>
> ——任正非

> 太阳是一种强能源,它以每小时数亿千瓦的能量照耀地球。但借助一顶遮阳帽子,你就可以沐浴在阳光下数小时而不被晒伤。激光是一种弱能源,聚集一束激光只有几瓦,但是凭着这束光,你能在钻石上打洞或在人体上切除肿瘤。当你将公司的目标集中,就会创出同样的效果——它强大如激光一般能主导市场。这就是聚焦经营的魅力。[①]

营销大师里斯用一种形象的比喻揭示了组织在行业中保持领先地位的核心密码——聚焦。高效能的领导者,作为组织的核心领袖,必须清醒地认识到组织存在的核心价值所在。当组织取得了一定阶段的成功以后,由于突如其来的各种财富与权力的增长,很多领导者都会面临多元化的诱惑。尤其是在多元化典范企业——通用电气的神话感召下,很多领导者都会盲目地进行扩张,急于进入各种能够快速取得盈利的行业。但是,最终的结果往往事与愿违,常常是表面风光的背后暗潮汹涌,繁华过后,一地鸡毛,甚至是一蹶不振,原有的核心业务也优势不再,最终凄惨收场。

> 福耀玻璃在上市初期,由于拿到了大量现金,醉心于多元化经营,成立了汽车玻璃公司、工业村公司、装修公司、加油站、高分子公司、配件公司、香港贸易公司等一大批企业。但是几年忙忙碌碌下来,发现除了主业之外,在其他项目上并没有更多的利润,而且公司在香港的股市价格还在持续下跌。与此同时,由于国家1993年进行房地产投资的整治,工业村项目面临巨大的贷款压力,而且作为主业的汽修玻璃市场也由于大批竞争者的进入而面临困境。在巨大的考验面前,曹德旺认真回顾自己企业的经营方式,并虚心地向各位专业人士求教。香港

---

① 阿尔·里斯.聚焦法则[M].王笑歌,许茜,夏菁,译.上海:上海人民出版社,2003:10.

> 股票交易所的梁总监直接指出其公司从投资的角度来看，毫无价值、互不相干的业务线太多，公司缺乏核心的竞争力。通过长达一年的深入思考，曹德旺在考察美国福特博物馆的时候，敏锐地把握到当时的中国恰恰正处于100年前美国的工业崛起时代。美国1876年就有道琼斯指数了；1900年，美国联邦农业人口占总人口的60%；1916年，美国的汽车产业工厂有546家。这与当时中国的现状一模一样。经过认真比较，曹德旺发现中美当时的经济差距竟达100年，100年前的美国制造业在做什么，福耀同样可以在中国做什么。美国的玻璃巨头PPG创立于1881年，比1987年成立的福耀早了106年，但PPG的发展势头依然良好，因为它属于传统的制造业，是基本建设必不可少的材料。至此，曹德旺终于明确了自己未来的经营方向——专注于玻璃的制造。"必须对福耀进行一场以提高段位为目的的全面重组与改造，明确以汽车玻璃为专营主业，清理掉遍布全国的几百家销售部，改组公司董事会，引进董事制度，完善公司的治理机制。"经过一年多时间的剥离与改造，福耀终于度过了自己的危急时刻，明确了自己未来发展的方向与目标，并持续地为之努力。通过聚焦核心业务，福耀最终成长为闻名世界的玻璃制造企业，创造了巨大的经济与社会财富。

高效能的管理者都应当像曹德旺那样，聚焦于对组织未来发展方向的研究与贡献。在之前的章节中我们已经提到过，对于高阶的组织领导者而言，最宝贵的资源就是时间。如果我们不能聚焦在组织未来的发展方向这样最为重要的事务上面，我们就与自己的高阶领导位置很难匹配。普通的高阶管理者将会淹没在无休止的各种文件、会议、报告的湍流之中，从而迷失了自己的最核心的贡献——组织发展的未来方向。为了在自己的位置上为组织做出最有价值的贡献，高阶领导者必须从以下几个方面着手进行训练。

10.1 聚焦于组织的未来

高效能的领导者每天都要处理各种各样的事务，为了能够更好地产生绩效，他们会合理安排自己的时间，集中自己的主要精力，专注地投入到一个当前对于组织来讲至关重要的事情上，直到完成为止，才会开始下一个重要事情的解决。

高效能的领导者应当有效地分配自己的时间，尽量通过授权的方式，将一些无关紧要的事务交给下属去处理，自己则静下心来，认真思考自己组织的现状与未来。为了帮助高阶领导者更好地聚焦未来，我们运用德鲁克经典三问的工具来进行思考。

10.1.1 我们的组织是什么

这是帮助高阶领导者从目前组织的发展状况出发，对组织整体的商业模式、经营理念、战略规划、市场地位、营销策略等进行一个全方位的梳理。从本质的角度来思考组织究竟为社会创造了什么样的价值，是否存在重大的隐患。这是对组织进行一场类似于 X 光的透视，从内部视角进行组织现状的剖析。

10.1.2 我们的组织应该是什么

这是帮助高阶领导者从外部视角重新考察对比同类企业或者不同国家的同类型组织的商业模式、经营策略、创造价值，从而对组织未来的转型提供初步的构想与规划。从外部视角可以看到整个行业的变化，看到不同时期国外的优秀企业如何确立自己的未来方向。

10.1.3　我们的组织未来将要是什么

这是帮助高阶领导者从更高的维度去思考组织的未来。要敢于打破现有的思维框架，从当前整个世界经济的发展趋势中思考以下问题：组织未来将要面临哪些挑战与威胁？组织应当提前进行哪些方面的筹备与调整？如何应对未来不确定性的挑战？应当投入什么样的资源去应对挑战？未来我们在哪些领域可以进行创新？我们未来有哪些潜在的机会？

高阶领导者必须投入大量的时间与精力去系统地思考这三个最有价值的问题。他们必须搜集大量的资料与信息，深入了解与组织相关行业的整体发展状况，同时还需要与下属进行深入细致的交流，了解一线员工与用户的真实想法。

10.2　系统地抛弃昨天

为了更加有效地提升自己对于组织的贡献，高效能的领导者一定要学会摆脱昨日的束缚，"吐故纳新"，系统地抛弃昨天。他们会定期审视自己当前的时间安排与工作计划，认真反省自己目前的工作，反复问自己这样的问题："如果我现在不再做这件事，会对组织的贡献产生哪些不利的影响？"如果回答是否定的，他就会坚决地将此类事务停止，并从该项目中抽调出最优质的资产，尤其是将人才抽离出来，投入到未来对于组织有重大贡献的项目上去。

不可否认的事实是，今天是昨天计划的延续或行动产生的结果。高效能的管理者总是在不断地摆脱过去。由于未来是永远无法准确预测的，无论在过去的某个时段我们做出的决策当时看起来是多么的英明与伟大，都有可能变成今天的困扰、危机与重大的挫折。高级领导者的首要任务就是要将组织最优质的资源尤其是人才投入到未来中去。高效能的领导者每天需要花大量的时间去甄别、摆脱各种过去的行动与决策任务。通常，摆脱完全的失败相对比较容易，但是企业也会存在一些原本看来应当成效显著而实际运行的效果远未达标的计划，这类计划很容易成为拖垮组织的核心因素。

UT斯达康的创始人吴鹰通过小灵通这样一个2G时代的过渡产品，竟然赢得了巨大的市场成功，小灵通的成功得益于当时的历史机遇。1998年，刚刚从邮电系统剥离出来的中国电信，迫切需要开辟移动通信市场，而3G的技术还没有完全成熟，中国在2G时代缺乏技术积累，没有合适的通信产品。1996年，时任浙江余杭市邮电局长的徐福新，去日本考察时发现，当地人大量使用一种PHS制式的无线电话，与固话通话效果一样，话费也远低于当时的移动电话。回来后，徐福新参照日本的PHS技术发明了小灵通——大功率版的无绳电话，看起来像手机，跟固定电话共用线路，因此资费成本极低。

UT斯达康的吴鹰准确把握住机会，果断买下小灵通的专利，并与中国电信合作，共同开拓移动市场。短短两年时间，小灵通的用户突破千万，并于2000年成为率先登陆纳斯达克的中国通信公司。斯达康上市后，连续17个月业绩超过预期，公司当年的收入就达到了25.93亿美元（约213亿人民币）。2004年，小灵通用户达到4 700万，2006年，国内用户达到9 300万，国外用户有了700万，总用户突破1亿大关，小灵通达到高光时刻。然而，成功的背后，小灵通的先天不足也开始涌现，随着3G技术的日益成熟，国内的移动资费大幅下调，小灵通的发展遭遇瓶颈，2005年，小灵通业务为UT斯达康带来的收入占比大幅下降，由2004年的79%下降到32%，公司全年亏损4.3亿美元。

对于这一点，通信背景出身的吴鹰并非没有准备。自 2004 年以来，UT 斯达康先后从韩国、加拿大、美国收购了一系列 3G 业务和 IPTV 业务。然而，这些业务在短期内都不能给 UT 斯达康带来任何的现金收入。同时，由于小灵通业务发展速度放缓，运营商不再继续投入，网络与机站设备销售收入开始大幅降低，但原先设备的维护却依然要持续，这一落差，不是仅仅依靠小灵通终端设备的销售可以弥补的。在两厢夹击的情况下，断臂求生似乎是 UT 斯达康的不二之选。

在 UT 斯达康原来的业务架构中，小灵通、宽带、IPTV 和 3G 互为孤岛。从运营商角度而言，由于 3G 与小灵通两种业务的相关性差，在上马 3G 时，运营商可在网络设备的不同层面（包括业务层、核心网络和终端），采取不同的融合或重用策略（双模），最大限度地利用小灵通网络，从而降低网络建设的投资成本。并且，运营商由于担心 3G 的应用不足，可在已部署的小灵通网络上试验其业务内容、培育潜在用户和确立服务模式。UT 斯达康作为移动通信设备商，在小灵通领域的经验本可以在上马 3G 时发挥作用，完成业务从小灵通向 3G 的平滑过渡。然而，关键时刻，UT 斯达康的传统思维占了上风，收购专利带来的短期巨大利润与业务拓展使其忽略了自身研发的重要性，前期的 3G 领域收购并未带来如小灵通那样的快速收益，同时继续研发投入巨大，为此，转而下注国外新出现的 IPTV 业务，由于 IPIV 业务本身的复杂性，需要内容与宽带的双重要求，同时，国内与国外监管环境不同，需要广电及电信的双重审批，最终导致公司押注失败，一蹶不振，吴鹰自己也黯然出局。

从 UT 斯达康的盛极而衰可以看出，公司领导者如果只醉心于过去成功的经验，缺乏对于未来趋势的把握与判断，在市场环境的变换中缺乏甄别的能力与耐心，最终会为此付出巨大的代价。

为了防止组织由于昨日的计划及过时的决策而变得效率低下、机构臃肿，高阶领导者会定期召开"计划检讨"会议，对过去的计划进行系统的分析与检讨，对于已经不再适用于明天发展的计划，坚决地从日程中予以剔除，对于所谓的"神圣计划"，应当深入分析其可行性，不盲目崇信权威，更多地从组织绩效的视角进行分析，必要时应当立即叫停，并予以废除，以便将组织最优秀的人才投入到基于组织未来的机会中去。

10.3　将最重要的资产投资于未来

对于组织而言，最重要的资产一定是组织最优秀的人才。对于组织的领导者而言，优秀的人才主要来源于两个方面：一个是组织的内部，即由组织自身培养、选拔出来的优秀人才，他们同组织的价值观高度一致，能够全身心地投入到组织所分配的各项任务当中；另一个是组织外部，通过空降或招聘的方式吸引外部的优秀人才进入组织，这类人才虽然具备组织所迫切需要的专业知识与技能，但是由于刚刚进入组织，因此对于组织的核心价值观及组织文化尚未融入。

这两种人才对于组织而言都是必不可少的宝贵资源。组织如果只是一味地从内部选拔人才，势必会造成"近亲繁殖"的现象，虽然人才的执行力很强，但是对于新的事物或挑战缺乏外部思维与认知，长此以往，将造成组织创新能力下降、活力丧失、因循守旧的局面，最终导致组织僵化与死亡。引进外部人才，会产生鲇鱼效应，激活组织的创新能力，为组织的长久发展奠定良好的基础，帮助组织保持"吐故纳新"的活力。

那么，如何将这两种优秀的人才投入到关乎组织未来的创新项目中去，并确保项目能够按照既定的目标顺利实施呢？高效能的领导者往往采取以下策略，防止关乎组织未来的重大项目出现巨大的风险。

10.3.1　抽调最优秀的内部人才负责项目的实施

高效能的领导者会经过慎重的思考，将组织内部最优秀的人才从他目前所负责的项目中抽调出来，全力投入到关乎组织未来的新项目中去。这个负责人必须在组织中拥有优异的业绩表现，同时能够深入理解未来项目对于组织的重要意义。

10.3.2　引入外部的优秀人才负责具体的业务细节

对于外部急需的优秀人才，组织要大胆地进行引进，给予优厚的待遇，并为此类人才提供相对宽松的工作环境，使其能够专注于其擅长领域内的工作。同时，在组织资深项目负责人的管理下，确保项目的顺利实施。

10.3.3　统一思想，确保目标一致

对于两类人才的磨合，高效能的领导者会保持高度的关注，不断听取各自的汇报与交流，深入了解项目的进度与困难，随时协调各种纠纷与矛盾，完成新进人才与组织价值观的融入过程。

> 京东创始人刘强东在创业初期聚焦于物流与供应链的建设，对于自身品牌的营销与推广并不在行。为了帮助京东在品牌建设方面快速成长，投资人徐新为京东引入了擅长网络营销的徐雷，负责京东的市场拓展。2014年徐雷一手策划了"京东618"购物节，并取得了巨大的成功，从而形成与淘宝的"双十一"并存的两大电商购物节竞争格局，极大地提升了京东商城的品牌知名度。
>
> 自2014年起，随着智能手机及4G网络的普及，移动互联网已经开始进入高速发展时期，京东也成立了自己的无线业务

部门。当时京东的无线业务各部门缺乏协调,管理极其混乱,成为整个京东谁都不想碰的乱摊子。程序员和产品经理也都是其他部门不要的"刺头",混吃等死是当时这些部门的真实写照。

刘强东任命徐雷负责无线业务部门的整合与发展。徐雷凭借自己对于网络营销的多年经验,敏锐地感觉到手机移动端将成为下一个网络爆发的热点,无线事业部将代表未来电商发展的主战场。为了改变无线业务部门的混乱局面,徐雷到任后的第一件事就是立规矩,从最小的财务审批、开发事项布置等事件开始。大事小情,尤其涉及程序开发的事情,他要求制定一整套完整的规则。

徐雷认为,只有让无线业务部所有人进入一个设定好的"程序",整个事业部才会有效率。在徐雷的坚持和不断推进下,看似简单的举措,最终让京东无线业务部门一团糟的开发体系开始变得条理清楚,而且效率逐渐追上了其他部门。为了鼓舞士气,他提出"再造一个京东"的理念。开始组织整个事业部前、中、后三个阶段的人员调研、开会,统一思想,把"京东618"购物节当作无线京东商城爆发的起点。

在所有人都不看好的情况下,徐雷组织团队攻关,最终完成对移动互联网功能的提前布局。时间检验真理。在徐雷的带领下,团队生生将京东无线做成了京东最大的互联网流量来源,也让京东商城 App 成功地进入电商类 App 下载量排行榜前两名。

两年时间内,徐雷围绕移动端的产品研发体系和用户全生命周期管理的平台运营体系,培养出了多支敢打硬仗、迎难而上的优秀团队,并为京东品牌的建设和塑造、向移动端转型的战略做出了突出贡献,成为京东转型移动互联网的引路人。

2018年7月16日，京东商城宣布实施轮值CEO制度，由京东集团CMO徐雷兼任首任京东商城轮值CEO。面对各种新晋的市场竞争者出现，徐雷提出了京东商城的新零售经营理念——"以信赖为基础、以客户为中心的价值创造"，在全新的挑战和残酷的竞争中，以经营理念为指导迎接四个变化：从单纯追求数字到追求有质量增长的变化；从单纯以货为中心到以客户为中心的变化；从纵向垂直一体化的组织架构到积木化前中后台的变化；从创造数字到创造价值的人才激励导向的变化。在担任京东商城轮值CEO期间，徐雷连续三年带领京东实现了零售业务的高速增长。

2021年9月，徐雷被任命为京东集团的总裁，全面负责京东集团的各项事务。

10.4 避免被压力所左右

对于高阶领导者而言，未来将面临更多的挑战与不确定性，而我们的时间、资源都不足以应付未来所产生的新的危机，因此只有将有限的资源投入组织的未来，才能有效地面对未来各种潜在的影响。然而，真实的情境是，领导者面对很多因以前的决策而产生的各种紧急事件，每天都有大量的文件需要批示，各种突发事件层出不穷，大多数管理者往往屈从于眼前的压力，被迫去处理一些所谓的紧急事件。在这种情况下，一般的管理者往往会迷失在组织昨日的决策中，更加将视角聚焦在组织的内部事务，而忽略了外部环境的变化，忽略了整个行业未来将发生的巨大改变，从而错过了组织未来发展的重要机遇。

高效能的领导者会成为时间与压力的主人。他们明白自己的核心任务所在；他们将主要精力聚焦于对组织的未来发展；他们会合理地分配自己的时间，不被当前的压力所左右与误导，专注于当下的重要任务，并努力将其彻底完成，然后再寻找下一个值得关注的任务，集中精力，直到完成。唯有如此，高阶领导者的绩效才能够得到有效的提升，组织未来也才会在领导者的引领下变得更加美好！

小结

高效能的领导者提升绩效的窍门在于聚焦当下最重要的事务。他们会随时检查自己的时间表，对于要处理的事务会反复问自己这样的问题："如果我现在不再做这件事，会对组织产生哪些不利的影响？"如果回答是否定的，他就会坚决地将此类事务停止，将自己的主要精力放在关乎组织未来发展的核心任务上。他们会从以下几个方面系统地进行思考：

（1）聚焦于组织的未来，认真思考组织未来的发展战略与方向。

（2）系统地抛弃过去不合时宜的决策与产品。

（3）鉴于未来的不确定性的挑战，将有限的时间与资源投入到组织的未来中去。

（4）做掌控未来时间与压力的主人，避免被压力所奴役。

案例分析

阿里云的诞生

十年前，全球企业的数据库基本都是Oracle，而阿里拥有亚洲最大的Oracle集群，计算规模达百TB级别。随着淘宝用户数量的爆发式增长，算力不足的难题就浮出了水面。当时阿里巴巴旗下的淘宝、支付宝、1688

等业务平台的账号都是独立存在的，各平台之间并没有打通，成为一个个数据孤岛。各平台的数据也不够清晰，各业务CEO并不清楚自己的真实用户数量。与此同时，为了处理与存储不断增长的交易数据，阿里巴巴每年要花费上千万美元购买IBM、Oracle、EMC的各种服务器，但这些公司的设备在互联网时代显然无法满足阿里这样的公司的需求，尤其是瞬间并发处理上千万条数据时，经常出现宕机的问题。

随着互联网的飞速发展，云计算的概念开始进入应用场景。彼时大洋彼岸的竞争对手亚马逊已经开发了自己的云计算平台，所有的数据汇聚及操作都在云端完成，并开始提供公有云服务。面对企业发展的瓶颈，阿里深刻认识到了技术的重要性，在2008年10月阿里巴巴的一次内部战略会议上，得出了两个重要结论：第一，阿里是一家数据公司；第二，把算力当作一种公共服务。2008年王坚博士加盟阿里，担任首席架构师，帮助阿里巴巴建立技术团队。

2009年9月，阿里云成立，总裁王坚对400多名团队成员说："如同电力是工业社会底层设施一样，云计算将取代传统的IT设备，成为互联网世界的底层设施。"彼时的中国市场对云计算并不看好，在2010年深圳互联网峰会上，百度CEO李彦宏认为云计算无非是"新瓶装老酒"；腾讯CEO马化腾也认为在短期内根本无法实现。只有阿里CEO坚持云计算是阿里未来必须实现的战略目标。阿里认为：搞云计算确实是又苦又累的活儿，但是如果自己不做，将来一定会被时代所淘汰。当时的阿里无论从技术、财富还是用户而言，都无法与百度和腾讯相匹敌。然而，只有阿里依然坚持让王坚做下去。

在阿里内部，也没有人知道云计算是做什么的，更没有人知道阿里云是何物，大家只知道有一个新空降的高管叫王坚。因为阿里云部门只出不进，没有成绩，没有成果，看不到未来，每年在阿里的部门评比中都是垫底。在潮水一般的非议中，阿里云员工人人自危，上班犹如过街老鼠，羞愧难当，离职率一度高达80%。关键时刻，阿里CEO亲自给阿里云定性：

"王坚说他知道大数据的方向,我相信他。我每年给阿里云投10个亿,投个10年,做不出来再说。"

2013年6月,阿里云大考,把5000台机器组成像一台机器一样来使用,让它们同时去完成一件事情,最后的测试项目是"拔电源"。"如果这种突然暴力断电都能撑得住,阿里云还有什么不稳定的呢?"拉电之后,时间停止,只有电脑重启的滴滴声。经过系统自检,一切正常,数据毫发无损。2013年7月,阿里巴巴完成了为期3年多的"去IOE",不再使用IBM的小型机、Oracle的数据库和EMC的存储设备,完全使用廉价PC组成的超级计算机集群。2013年10月,阿里巴巴完成独立研发的飞天5K计划,单级群服务器规模达到5 000台,100TB排序能在30分钟内完成,远超Yahoo同年7月创造的世界纪录——71分钟。2013年,阿里云支撑了淘宝"双十一"75%的交易量,成为集团业务背后坚实的服务平台。

阿里云随后飞速发展,一飞冲天,连续12个季度保持100%的增速,先后在全球19个地域建立了200多个数据中心,帮助阿里巴巴在全球服务140万个客户,年营收达到247亿元,估值超过5 000亿元人民币,成为仅次于亚马逊与微软的全球第三大云服务供应商。

思考:

结合本章聚焦未来的相关知识,分析阿里的领导者如何促成了阿里云的诞生。

11　高阶领导力培养五——
　　　高效决策

　　没有"尽善尽美"的战略决策,最佳的战略决策只能是近似合理的,而且总是带有风险的。

——彼得·德鲁克

决策是高阶领导者最为核心的任务。一项好的决策如果能够按照既定的目标顺利实施，往往会极大地提升组织的绩效；同样的道理，一项糟糕的决策将给组织带来巨大的损失甚至是毁灭性的打击。在现实的场景中，很多的高层管理者缺乏对于决策过程的系统分析与思考，缺乏一整套的决策工具与方法，更多的是迫于压力或拍脑袋进行决策，由此导致决策的失误，给组织造成不必要的损失。因此，掌握决策的艺术，是每一个高阶管理者的必备技巧。

高效能的领导者制定决策的过程是一种系统化的流程，有着非常明确的要素与步骤。他们往往能够审时度势，知道什么时候应当依据原则来进行决策，什么情况下应当根据环境的变化更加务实地进行决策。他们能够准确判断哪些决策属于战略性的决策，哪些决策属于普通的决策，并聚焦于战略性的决策。他们明确地知道决策的目的不是做出决定，而是要确保决策的实施结果确实能够为组织带来巨大的绩效。由于他们的时间宝贵，他们通常只对真正关乎组织未来的事情进行决策。

齐人有冯谖者

齐人有冯谖者，贫乏不能自存，使人属孟尝君，愿寄食门下。孟尝君曰："客何好？"曰："客无好也。"曰："客何能？"曰："客无能也。"孟尝君笑而受之曰："诺。"左右以君贱之也，食以草具。居有顷，倚柱弹其剑，歌曰："长铗归来乎！食无鱼。"左右以告。孟尝君曰："食之，比门下之客。"居有顷，复弹其铗，歌曰："长铗归来乎！出无车。"左右皆笑之，以告。孟尝君曰："为之驾，比门下之车客。"于是乘其车，揭其剑，过其友曰："孟尝君客我。"后有顷，复弹其剑铗，歌曰："长铗归来乎！无以为家。"左右皆恶之，以为贪而不知足。孟尝君问："冯公有亲乎？"对曰："有老母。"孟尝君使人给其食用，无使乏。于是冯谖不复歌。

后孟尝君出记，问门下诸客："谁习计会，能为文收责于薛者乎？"冯谖署曰："能。"孟尝君怪之，曰："此谁也？"左右曰："乃歌夫长铗归来者也。"孟尝君笑曰："客果有能也，吾负之，未尝见也。"请而见之，谢曰："文倦于事，愦于忧，而性懧愚，沉于国家之事，开罪于先生。先生不羞，乃有意欲为收责于薛乎？"冯谖曰："愿之。"于是约车治装，载券契而行，辞曰："责毕收，以何市而反？"孟尝君曰："视吾家所寡有者。"驱而之薛，使吏召诸民当偿者，悉来合券。券遍合，起，矫命，以责赐诸民。因烧其券。民称万岁。长驱到齐，晨而求见。孟尝君怪其疾也，衣冠而见之，曰："责毕收乎？来何疾也！"曰："收毕矣。""以何市而反？"冯谖曰："君云'视吾家所寡有者'。臣窃计，君宫中积珍宝，狗马实外厩，美人充下陈。君家所寡有者，以义耳！窃以为君市义。"孟尝君曰："市义奈何？"曰："今君有区区之薛，不拊爱子其民，因而贾利之。臣窃矫君命，以责赐诸民，因烧其券，民称万岁。乃臣所以为君市义也。"孟尝君不说，曰："诺，先生休矣！"

后期年，齐王谓孟尝君曰："寡人不敢以先王之臣为臣。"孟尝君就国于薛，未至百里，民扶老携幼，迎君道中。孟尝君顾谓冯谖："先生所为文市义者，乃今日见之。"冯谖曰："狡兔有三窟，仅得免其死耳；今君有一窟，未得高枕而卧也。请为君复凿二窟。"

孟尝君予车五十乘，金五百斤，西游于梁，谓惠王曰："齐放其大臣孟尝君于诸侯，诸侯先迎之者，富而兵强。"于是梁王虚上位，以故相为上将军，遣使者，黄金千斤，车百乘，往聘孟尝君。冯谖先驱，诫孟尝君曰："千金，重币也；百乘，显

> 使也。齐其闻之矣。"梁使三反，孟尝君固辞不往也。
>
> 齐王闻之，君臣恐惧，遣太傅赍黄金千斤、文车二驷，服剑一，封书，谢孟尝君曰："寡人不祥，被于宗庙之祟，沉于谄谀之臣，开罪于君。寡人不足为也；愿君顾先王之宗庙，姑反国统万人乎！"冯谖诫孟尝君曰："愿请先王之祭器，立宗庙于薛。"庙成，还报孟尝君曰："三窟已就，君姑高枕为乐矣。"
>
> 孟尝君为相数十年，无纤介之祸者，冯谖之计也。[①]

这是西汉刘向在《战国策》中讲述的关于领导者正确决策的故事，也是著名成语"狡兔三窟"典故的出处。通过对冯谖这个历史人物的刻画，生动形象地阐明了高效能的领导者孟尝君虚心接受谋士冯谖的建议，通过焚券市义、谋复相位、在薛建立封庙三步重要的决策，从而带来组织绩效的显著提升，确保孟尝君得以在以后的日子里高居相位并高枕无忧。

高效能的领导者在实施有效的决策时，通常采用以下五个步骤的流程，即准确区分决策的对象、明确决策的目标、做出正确的决策、将决策付诸实施、建立有效的反馈制度。

11.1　准确区分决策的对象

高效能的领导者在面对问题时，首先会进行系统性的思考，他会反问自己："这个问题到底是一种普遍的现象，还是一种特例？"对于一些相对普遍性的问题，只要对现有的管理制度进行调整，就可以得到有效的解

---

① 缪文远，缪伟，罗永莲译注. 战国策［M］. 北京：中华书局 2012 年 6 月：306-312.

决。对于一些特殊性的个别现象，只需要区别对待处理，并不需要进行决策。对于此类问题，多数情况下可分为以下四种情况。

11.1.1 普遍性的问题，典型事件不过是一种表象

比如大多数的生产型企业都会面临各种周期性的调整，如原材料市场价格的变化、产成品的动态库存改变，这其实是一种正常的调整作业，管理者只要掌握了市场供应的周期及规律，就可以灵活地进行应对，但是有些问题却需要管理者系统地搜集资料并发现问题背后的深层次原因。

在电视剧《大江大河》中，主人公宋运辉刚进入金州化工厂时被分配到最苦最累的检修班组，但是宋运辉并没有任何怨言，认为这是一个很好的机会，可以全面了解工厂的整个设备工艺的运转流程。在工作过程中，他的主要任务是查找设备的"跑、冒、滴、漏"的环节，并标注出来进行维修。小宋并未像其他的工人那样被动地寻找故障点，而是在下班之后钻到图书馆去查化工厂的整个设备工艺流程图，并且发现了现实操作中很多阀门弯头的设计存在不合理的地方。化工厂中，由于温度与压力不同，不同环节中阀门与弯头的承受指标也不相同，如果设计中没有充分考虑到相关因素，造成阀门或弯头的设计不能承受管道的温度与压力，就会造成阀门与弯头链接处的泄漏。通过整体的排查，宋运辉提出了一套的整改方案，在上级刘总工的支持下，顺利完成了技改方案，使该分厂的效益获得了极大的提升。宋运辉也由此引起了厂领导的关注，并迅速获得了提升。

11.1.2 表面看来是一种特殊的问题，但本质是一种共通性的问题

一家发展良好的初创型企业，如果接受了某个大公司的并购条件，自然就没有其他的公司再来提出并购的需求。当然，此类事件在公司的发展过程中不会经常性地出现，但是对于此类事件，公司的经营管理团队与董事会应当提出一些通用性的原则，来指导公司面对此类要约收购时做出赞同或者拒绝的决策。

Facebook 拒绝雅虎 10 亿美元的收购

Facebook 创始人扎克伯格年轻的时候就明白自己的目标。他曾经在高中时期，拒绝了微软公司近百万美元的年薪邀请。当他在哈佛宿舍中创立了 Facebook 之后，曾经有大批的投资人希望收购，其中包括当时大名鼎鼎的雅虎。当时是在 2006 年 7 月，他力排众议，拒绝了雅虎开出的 10 亿美元的收购要约。彼时扎克伯格才 22 岁，Facebook 也仅创立 2 年，是一个有 800 万至 900 万大学生用户的社交网络，每年大概产生 3 000 万美元回报。在当时开董事会决定是否要向雅虎出售 Facebook 时，22 岁的扎克伯格对所有的董事会成员说："这次董事会只是走个过场，不会超过 10 分钟，我已经决定不会向雅虎出售公司。原因是雅虎对未来没有明确的想法。它们无法对还不存在的东西做出正确的估值，所以它们低估了 Facebook。"在扎克伯格看来："创建一家有趣的网站比挣钱更重要。"基于这种原则，扎克伯格先后拒绝了谷歌及微软的天价收购条件，最终缔造了 Facebook 的传奇。

11.1.3 真正例外的特殊事件

> **沙利度胺事件**
>
> 很多妇女在怀孕早期会出现恶心和呕吐反应。频繁的恶心、呕吐不仅使孕妇无法正常地摄取必需的营养,还可能引起失水和电解质紊乱。为了解决这一问题,减轻妇女的孕期妊娠反应,在20世纪50年代,德国的格兰泰集团开始向欧洲市场投放一种可以显著抑制孕妇妊娠反应(呕吐)的药物——反应停(沙利度胺)。沙利度胺一经投放,立刻取得了巨大的市场反响,孕妇们纷纷选择使用这种药物来缓解妊娠反应的痛苦。不到一年的时间,沙利度胺风靡全球。然而,到了20世纪60年代,欧洲的医生发现畸形婴儿的出生率明显上升,这些畸形表现为四肢畸形、腭裂、盲聋或者内脏畸形,他们被称为"海豹儿"。随着越来越多"海豹儿"病例的报道,沙利度胺引起了医生和研究人员的注意。经过大规模的流行病学调查,发现沙利度胺就是导致这些不幸的罪魁祸首。1961年,格兰泰集团开始召回沙利度胺,这种药物也退出了历史的舞台,在经过更加严谨的临床试验之后,美国食品药品监督管理局(FDA)在1998年批准了沙利度胺用于麻风结节性红斑的治疗,又在8年后,也就是2006年,批准沙利度胺用于多发性骨髓瘤的治疗。除此之外,沙利度胺在风湿性关节炎、自身免疫性红斑狼疮、HIV-I感染等难治性疾病的临床研究中都显示出了很好的疗效。

从真实的统计数据来看,真正发生特殊事件的概率实际上非常小,通常在千万分之一的比例之下,因此,一般不需要为此制定专门的决策制度。面对此类问题，作为高层的决策者通常要问的是："这到底是一个例外还是未来可能发生的一系列事情的一个征兆？"

11.1.4　一连串问题的初步征兆

> 进入2000年以后，中国北方地区夏季经常遭受暴雨天气的影响，尤其是大城市由于发展过快，城市的整体规划设计对于极端暴雨天气考虑不周，有时会导致城市内涝严重，造成人员的伤亡与财产的损失。从2012年的北京"7·21"特大暴雨到2021年河南"7·20"特大暴雨，均造成了相当大的财产损失与人员伤亡情况。上述事件既是极端情况的反映，也表明了一系列问题的征兆，即中国北方地区夏季气候出现了重大变化，强对流天气频繁出现，同时城市的扩张速度过快，地下排水管网等基础设施建设严重滞后，城市的排水工程缺乏统一的规划与实施，对于地下交通设施，缺乏应对极端天气的有针对性的防护措施与应急方案。

同样道理，上述的沙利度胺事件也反映了当时制药行业的整体研发流程存在着重要的漏洞，如果不能够找到其中的解决方案，沙利度胺事件还有可能再次出现，就如同河南的水灾一样。由此可见，对于大多数的问题而言，大部分都属于需要普遍性的解决方案，也就是我们通常所说的根据其发生的原因，制定相应的原则，调整管理及操作的流程，从制度层面进行调整，杜绝此类事件再次出现。

因此，高效能的领导者会花足够多的时间来对各类事件进行甄别与判断，其目的不是解决眼前的危机，而是为化解未来可能出现的类似事件寻找最佳的处理原则与方法。他们通常会系统地思考当前所面临的事件，他们会反复地询问："这个事件背后的真实原因到底是什么？"在思考的过程中，他们会避免犯以下两个主要错误。

11.1.4.1 把普遍性的问题当作一系列独立的特殊事件

经典的管理实验"啤酒游戏"很好地反映了这种决策所带来的危害。

假设你是一个零售商，你的零售商品中有一款当地产的销量稳定的啤酒。你每周的库存都稳定在12箱，通常你每周都会卖出4箱啤酒，并在周末司机送货时再补充库存。在某一周，突然啤酒的销量出现激增，你卖出了8箱啤酒，为此，你需要额外增加4箱的订购量，才能保证你的正常库存。接下来的一周，你再次卖出了8箱啤酒，但是司机只送来了4箱。此时，你只有8箱啤酒的库存，除非下周的销量下降，否则你的库存将归零，你将面临无货可卖的局面，因此你至少需要再订8箱啤酒。为了稳妥起见，你订了12箱啤酒，此时，你发现司机只运来了5箱啤酒，为此，你将面临无货可卖的地步。就这样，在接下来的几周中，你一直面临货物中断的困境，因此你不断地增加订单的数量。然而，结果在一段时间过后，你的货物出现严重的积压。与此同时，你的上游经销商也面临着因开始的订单暴涨导致库存不足，通过向工厂追加订单，最终造成大量的库存积压。而工厂作为供应链的最终源头，也出现误判市场的反应，进行扩产，但结果是投资失误，被迫关掉生产线。事后经过认真的复盘你会发现，实际上的需求仅仅是每周增加了4箱而已，但是突如其来的增长打破了原有的供应链节拍，最后在心理的压迫下，导致供应链产生了巨大的震荡，并向后次级递增，最终甚至有可能导致工厂破产。因此，我们对待此类问题，一定不能盲目地进行应对，首先要厘清问题的根源，先不要急着进行应对，先观察一段时间，搞清楚实际的需求到底源自哪里，然后再据此调整自己的库存。

11.1.4.2 把新问题当成老问题，用旧规则处理新问题

当苹果公司2007年推出自己的第一台智能手机iPhone时，当时的诺基亚正如日中天，占有全球手机市场40%的份额，比第二名三星的14%和老对手摩托罗拉的12%加起来还多，利润同比增加64%。同年，诺基亚发

布革命性的产品N95，单从硬件规格而言，N95毋庸置疑是当时最先进的手机，双向滑盖，500万像素卡尔蔡司镜头，DVD规格摄录，集成GPS，支持HSDPA，TI OMAP2420双处理器，对这些规格而言，当时的iPhone一个都不具备，更不用提多任务运行了。但是，危险的信号已经出现，诺基亚北美市场销量同比下滑23%，美国市场占诺基亚业务量的比重从第二下滑到第五。然而，诺基亚高层依然不为所动，认为自己在通信领域的地位无人可以撼动，依然固守自己的塞班操作系统，对于苹果的操作系统对智能手机时代的重新定义不以为然，认为手机的主要任务还是以通话为主，其他的只是一些辅助功能而已，对于苹果的触屏极尽嘲讽，认为不如实体按键方便，最终的结局是错过了智能手机时代的最佳发展时机，最终于2013年被微软收购后黯然退场。

诺基亚的悲剧再次为领导者的自大敲响了警钟，对于任何新鲜的事物，领导者要始终保持谦逊的心态，保持敬畏之心，认真地搜集相关的资料，通过系统地分析与思考来判断这是不是一个全新的领域与技术，会给组织现有的运营方式带来哪些巨大的冲击与改变，作为高层领导者应当如何去应对，而非拿着现有的规则去处理全新的问题。

11.2 明确决策的目标

一个高效能的领导者在做出决策前首先要明确以下几方面的问题：首先，决策的目的是什么？我们应当达到哪种目标，在哪些方面提升组织的绩效？其次，为了达到目标，我们应当解决问题的哪些部分，即我们需要满足哪些条件？这就是我们通常所说的"边界条件"，通过对边界条件的确认，我们才有可能达到正确的决策目标。

"草船借箭"的典故

周瑜提出让诸葛亮在十日之内赶制十万支箭的要求,诸葛亮却出人意料地说:"曹操大军即日将至,若候十日,必误大事。"他表示:"只需三天的时间,就可以办完复命。"周瑜一听大喜,当即与诸葛亮立下了军令状。在周瑜看来,诸葛亮无论如何也不可能在三天之内造出十万支箭,因此,诸葛亮必死无疑。

诸葛亮告辞以后,周瑜就让鲁肃到诸葛亮处查看动静,打探虚实。诸葛亮一见鲁肃就说:"三日之内如何能造出十万支箭?还望子敬救我!"忠厚善良的鲁肃回答说:"你自取其祸,叫我如何救你?"诸葛亮说:"只望你借给我二十只船,每船配置三十名军士,船只全用青布为幔,各束草把千余个,分别竖在船的两舷。这一切,我自有妙用,到第三日包管会有十万支箭。但有一条,你千万不能让周瑜知道。如果他知道了,必定从中作梗,我的计划就很难实现了。"鲁肃虽然答应了诸葛亮的请求,但并不明白诸葛亮的意思。他见到周瑜后,不谈借船之事,只说诸葛亮并不准备造箭用的竹、翎毛、胶漆等物品。周瑜听罢也大惑不解。

诸葛亮向鲁肃借得船只、兵卒以后,按计划准备停当。第一天,不见诸葛亮有什么动静!第二天,仍然不见诸葛亮有什么动静!直到第三天夜里四更时分,他才秘密地将鲁肃请到船上,并告诉鲁肃要去取箭。鲁肃不解地问:"到何处去取?"诸葛亮回答道:"子敬不用问,前去便知。"鲁肃被弄得莫名其妙,只得陪伴着诸葛亮去看个究竟。

凌晨,浩浩江面雾气霏霏,漆黑一片。诸葛亮遂命人用长索将二十只船连在一起,起锚向北岸曹军大营进发。时至五更,船队已接近曹操的水寨。这时，诸葛亮又教士卒将船只头西尾东一字摆开，横于曹军寨前。然后，他又命令士卒擂鼓呐喊，故意制造了一种击鼓进兵的声势。鲁肃见状，大惊失色，诸葛亮却胸有成竹地告诉他说："我料定，在这浓雾低垂的夜里，曹操绝不敢毅然出战。你我尽可放心地饮酒取乐，等到大雾散尽，我们便回。"

曹操闻报后，果然担心重雾迷江，遭到埋伏，不肯轻易出战。他急调旱寨的弓弩手六千多人赶到江边，会同水军射手，共一万多人，一齐向江中乱射，企图以此阻止击鼓叫阵的"孙刘联军"。一时间，箭如飞蝗，纷纷射在江心船上的草把和布幔之上。过些时间，诸葛亮又命令船队头东尾西，靠近水寨，并嘱加劲擂鼓呐喊。等到日出雾散，船上草把排满密密麻麻的箭支。此时，诸葛亮才下令船队返回。还命令士卒齐声大喊："谢曹丞相赐箭！"当曹操得知时，诸葛亮取箭船队因顺风顺水，已经离去20余里，曹军追之不及，曹操懊悔不已。

船队返营后，共得箭十几万支，为时不过三天。鲁肃目睹其事，极称诸葛亮为"神人"。诸葛亮对鲁肃讲：自己不仅通天文、识地理，而且也知奇门，晓阴阳，更擅长行军作战中的布阵和兵势，在3天之前已料定必有大雾可以利用。他最后说："我的性命系之于天，周公瑾岂能害我！"当周瑜得知这一切以后自叹不如。①

在草船借箭的案例中，我们首先要明确决策的目标——需要十万支箭的战略物资。作为常规的边界条件，制造十万支箭，原材料、人工、时间

---

① 三国演义中草船借箭的典故．[EB/OL]．(2022-05-01) [2022-09-06]．https://www.oh100.com/w/171061.html．

这三要素缺一不可，而周瑜为了为难诸葛亮，对该条件都做了相应的限制。诸葛亮作为这个决策的领导者，针对该决策目标，提出了另外一种解决方案，从敌人手中"借箭"。在这种情况下，需要满足以下新的边界条件：首先要有运输工具——小船20艘，借箭的专用工具——草人若干、士兵600人；其次还要准确地把握天气的情况——雾天出击；最后还要精准把握敌人统帅的心理——生性多疑。最终，通过诸葛亮高效的运作，逐一满足了上述的边界条件，达成了决策的目标——十万支箭的战略物资。

从草船借箭的案例中我们发现，通过围绕着决策目标提出不同的边界条件，会有多种决策路径可以达成。作为领导者，我们一定要充分分析边界条件的难易程度，并与我们组织自身的资源进行有效的匹配，最终找出最优的决策路径。作为高效能的领导者，我们必须了解，无法满足边界条件的决策是最糟糕的决策，不可能给组织带来任何绩效的提升。因此，对于边界条件的满足，是每一个领导者必须关注并作出决策的重要依据。

11.3　做出正确的决策，而非可以接受的决策

对于一个高效能的领导者而言，在决策中做出必要的妥协是必不可少的，就像诸葛亮要完成草船借箭，依然需要鲁肃的帮助。然而，关键是要明白在什么条件下需要妥协，在什么条件下不能够妥协。其实，判断的依据就在于，凡是有关满足边界条件的事情，绝不允许有丝毫的妥协，因为一旦在这些关键点上进行妥协，边界条件将无法满足，因而决策的目标就无法达成。在一些非关键的事务上，决策者可以根据达成条件的实际情况，适当地进行灵活处理，前提是确保在决策的进行中所有的边界条件都能够得到满足。

对于领导者而言，一定要在决策的过程中把握正确的决策方针，其要点是对边界条件的界定与满足，在决策中，这是决策目标达成的关键点。

在这些原则面前,任何的妥协都会造成决策的重大失误,而为了照顾某些人的情绪所造成的妥协往往会使边界条件无法达成,这样就会对决策结果造成重大的影响。因此,决策者必须坚持原则,避免当"好好先生",否则将导致决策的重大失误。

高效能的领导者在决策一开始就聚焦于如何满足边界条件,而非考虑这个决策是否能够被他人所接受。在决策满足边界条件的需要时,就要坚决地贯彻下去,说服他人按照要求执行,而非一味地考虑下属人员的感受。切记,决策的依据是边界条件!

> 在京东的历史上,有三次起着决定作用的战略决策。第一次,是2004年转型做电商,京东得以抓住未来10年乃至更长时期的消费趋势;第二次,是决定向全品类扩张,从只做3C产品转为一站式消费平台;第三次,是决定自建仓配一体的物流体系,后两大战略决策都是刘强东在遭遇投资人和管理层反对的情况下,坚持己见,才推进下去的。
>
> 在京东的历史上,有两个品类的扩张遭到了董事会的反对,一个是大家电,另一个是图书。大家电因为供应链复杂,又有苏宁、国美,对2010年的京东来说是高山仰止的对象。对图书线上销售而言,当和亚马逊中国占有半壁江山,无论是董事会还是管理层,都认为,硬要做图书这个被双寡头垄断的市场,得不偿失,投资人全部反对,管理层内部以微弱多数通过——11个部门经理,6个人同意。刘强东说:"如果京东在2007年没有转型成全品类电商的话,京东就可以实现微利了,因为3C的标准化程度高,控制一下运营成本就可以实现盈利,只做3C的话,不需要投入这么多做配送队伍,而转型则导致投入大幅增长,亏损时间加长。"他的理论是,利润不能拿袋子装起来,有更大的疆土需要开拓,收获的资金与资源应该像种子一样

> 地撒出去。事实证明，刘强东的战略眼光再次得到了印证。①

11.4 将决策付诸实施

作为决策的关键步骤之一，在厘清了决策的边界条件并作出了初步的决定后，高效能的领导者通常需要花费大量的时间来细化决策的具体内容，其关键点就是对具体执行决策的承诺。高效能的领导者通常需要通过以下几个问题来帮助自己定义决策的具体实施步骤。

11.4.1 该决策的实施将涉及哪些人员

在制定决策的同时，领导者应当考虑到执行决策的相关人员。例如，决策将会涉及哪些相关的人员，尤其是与决策的执行步骤相关的辅助部门的人员？某项销售决策的制定，需要哪些相关的部门人员进行协调？应当让哪些人员了解具体的决策步骤？如果不考虑这些，就会出现决策无法落地的现象。

11.4.2 谁来负责具体的相关事务

所有的决策所涉及的相关步骤必须落实到人。如果没有具体人员负责，所谓的决策只是一个政策宣言而已，没有落实到行动的具体人员承诺，决策的实施将无法展开，所有的人都认为不关自己的事情，没有人会为具体的行动负责。

11.4.3 必须采取哪些行动

为了达到决策的具体效果，必须采取哪些必要的行动？比如，为了满

---

① 李志刚. 创京东[M]. 北京：中信出版社，2015：45-46.

足决策的边界条件，必须对现有的组织架构、供应链及研发管理作出哪些必要的调整和改变？

11.4.4　应该如何有效地推进和落实决策

在推进决策方面，要想使决策更快地得到贯彻，必须对决策的负责人进行充分的授权；同时，对于绩效考核的相关制度进行必要的调整，确保责任人能够更加努力地朝着决策的目标前进。

2015年4月，雷军发现自己为了支持印度市场的发展，特批给印度市场的50万部在国内市场供不应求的小米4手机，销量极差。通过调查发现，印度的外籍高管误判了印度的消费者需求，认为小米的新款4G手机对于印度市场过于超前，将其申请修改为3G制式，但是，小米4本身制作成本较高，加上关税及运输成本因素，导致在印度市场售价过高，达到了2 000多元人民币，同时由于是3G制式，当地消费者不愿意花高价购买一款不久就会面临淘汰的产品。50万的库存对于小米来说就意味着10亿元人民币的潜在损失，而此时已经到了2015年的第二季度，中国内地的换机潮已经结束，不可能再转回国内销售，小米面临巨大的考验。

雷军经过认真、细致的思考，认识到自己对于海外市场的建设并未找到理想的人选，其印度负责人缺乏实际的硬件销售经验，为了止损，必须迅速清掉这批库存。经过深入调查，雷军找到了一位在华为海外销售市场工作多年的年轻人宋涛解决这个难题。宋涛凭借自己在华为海外市场多年的销售经验，认为速度是止损的关键，可以通过渠道与代理商地方式，迅速地将小米4这批3G手机销往尚未经历手机更新换代的市场中去，时间越快越好。与此同时，雷军做出了重要的决策，全权授权宋涛处理这批库存的同时，顺便建立小米全球市场的销售队伍。

宋涛组织了一个三人小团队，其目标是接触全球各国市场的代理商，与之签订代理合同，同时，在当地进行员工的面试，顺便搭建小米的全球销售团队。2015年的小米在国际市场的知名度并不是很高，宋涛的团队在各个市场和代理商见面时，通常会从介绍小米的商业模式开始，并展示小米手机的各种炫酷功能，必要时邀请代理商到中国总部来考察，谁先认可了小米的模式，谁就能够成为小米的代理商，而成为代理商的前提条件是，必须先把小米手机4销售出去。

经过半年的拼搏，宋涛的小团队终于将小米4的印度库存全部清空，尽管蒙受了巨大的损失，但是到了年底，小米的海外手机出货量第一次达到了200万部。除了小米4之外，小米的其他机型也通过代理商触及了全球的市场。

在派出宋涛解决国际业务问题的同时，雷军亲自接管了印度市场，并每日查看印度市场的销售报表，印度市场的负责人需要直接向雷军汇报。为了弥补国际市场的管理短板，雷军迅速找到了高通的大中华区总裁——王翔来搭建国际部的业务，并领导小米的国际业务迅速成长。

小米公司因祸得福，完成了全球销售网络的搭建，为日后小米国际部的成立奠定了基础。①

11.5 建立有效的反馈制度

所有的决策在执行过程中，都必须建立有效的反馈制度，唯有如此，

---

① 范海涛．一往无前——雷军亲述小米热血10年［M］．北京：中信出版社，2020：182-183．

才能确保在决策执行的过程中,领导者随时可以掌握外部环境的动态变化。同时,当决策执行的过程中出现任何偏差与意外的事件时,决策者都可以在第一时间掌握有效的信息,并迅速地做出调整。

任何一项决策,不管设计得多么完善,在执行的过程中,错误是在所难免的,因为外部的环境始终处在动态的变化当中,尤其是对于长期的战略层面的决策,由于执行的时间跨度较大,在执行的过程中,外部环境往往会发生巨大的变化。比如,某项颠覆性的新技术的出现,新的强大的竞争对手的进入,外部的政策环境出现重大变化,突发的意外事件、自然灾害等等。因此,建立有效的反馈机制显得尤为重要。上述案例中,雷军早期对于海外市场的失控就源于在印度市场开拓的初期,过于信任外籍高管的能力,未建立有效的反馈机制,结果导致了重大的市场误判。

丰田的领导力培养中有一项重要的原则——"现地现物",即要求领导者在第一时间赶往事发现场,通过现场观察搜集第一手的信息,作为最终判断的关键依据。据丰田前总裁张富士夫介绍,无论在哪一个层面,领导都应当做一个现场主义者。当他被派到美国负责肯塔基州乔治敦工厂时,他告诉身边的管理人员,了解工厂实行丰田生产方式的唯一方法,就是亲自到现场查看:他们是否遵循标准工作程序?是不是遵循平稳的流程和准时生产?零件是否在尚未需要之前就已经送到了?所有这些问题,都不可能在办公室得到答案,都必须亲自观察材料送至生产线的流程,必须亲自查看联机操作员是否使用安灯请求支持,并在必要时暂停生产线,如此等等,都是"现地现物"所的含义。丰田公司不容许任何"理所当然"的想法,也不容许只凭借他人提出的报告。所以,丰田的"现地现物"并不是一种简单的解决问题的方法,而是一种"寻找问题的根本"——对问题背后的问题价值的挖掘。

> 正如美国学者杰弗瑞·莱克在其《丰田模式》中提到的那样，现地现物的价值不在于去现场亲自观察特定行动，而是领导者如何进行决策的哲学。在此意义之上，现地现物有两个重要的方面：第一，决策的做出要以对问题的观察为基础，而不是直觉、假设或者认识。目的就是所有的事情和问题都要在公司掌握的事实的基础上进行处理，而且这些事实要来自亲身的经历和感受。第二，决策应该掌握在那些与问题联系最为紧密的人以及那些亲自考察或了解事情原因及解决方案可能产生什么样影响的人的手中。高层领导者的角色不是去判断哪个解决方案可行，而是去判断用于得到解决方案的问题解决过程是否正确。①

毛泽东同志曾经说过："没有调查就没有发言权！"这是毛泽东思想对于科学决策的原则性的论述，这个光荣的传统也一直伴随着中国共产党组织的发展壮大。然而，随着信息技术的迅速发展，数据的获取与提炼变得愈来愈方便快捷，信息系统在提升组织运营效率的同时也带来了一些负面的影响，各个组织中的"电脑病"也变得愈加普遍，即各组织的负责人越来越依靠信息系统的各种信息作为自己决策的根本依据，而不愿意花费时间去做实地的现场调研，这严重违背了毛泽东同志对于科学决策的基本原则。各个组织的领导者如果仅仅依赖信息系统所提供的信息，而非亲自到现场进行实际调研或勘查，往往会被系统的信息所误导，系统的数据在特定条件下也可能被人为地篡改或出现统计的偏差。诚然，在大数据时代，信息的搜集与挖掘会为我们的决策提供高效的依据，但是，如果领导者不亲自去现场了解真实的信息，掌握第一手的资料，并派专人进行深入细致

---

① 杰弗瑞·莱克，[美] 蒂莫西·奥格登. 丰田模式——危机应对篇 [M]. 王小雯, 等, 译. 北京：机械工业出版社，2012：11.

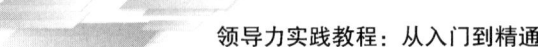

的调研,盲目地依赖系统的抽象数据,往往会误导我们做出错误的决策。因为系统的数据往往是经过抽象化处理的信息资料,它们并非完全的第一手资料。作为一名高效能的领导者,既要重视系统的各项数据与信息,也要在亟须作出重要决策的事务中亲临现场,进行实地调查,实事求是地认真搜集相关资料,并与系统的信息进行比对。唯有如此,我们才能够做出卓有绩效的决策!

小结

高效能的领导者之所以能够在组织中担任领导职位,核心在于其通过制定正确的决策为组织提升绩效及发展做出卓越的贡献。高效能的领导者通常很清楚哪些决策需要依据原则来做决定,哪些情况下需要务实地根据现实情况作出必要的妥协,其根本性的衡量标准,就是要花费足够的时间与耐心,确保决策能够得到有效的实施,并为组织提升绩效。

为了确保决策的正确性,高效能的领导者往往遵循以下五个步骤:

(1)判断这件事是否属于原则性问题的决策范畴。高效能的领导者首先会问自己这样的问题:"这到底是一种常态,还是特殊情况?"

(2)明确决策的目标,并据此确立边界条件,然后通过满足边界条件来制定相应的决策。

(3)立足于正确的决策,而非可以接受的决策,明白在什么样的条件下,可以通过妥协来达到决策目标。

(4)在制定决策的过程中,将执行的方式与策略纳入其中。

(5)建立有效的反馈机制,确保决策的顺利执行。

案例分析

雷军的抉择时刻

早期的小米是一个不折不扣的优等生，它把握住了最好的时机，又拥有绝佳的营销天赋，很快就成为脱颖而出的佼佼者。但是，5年后的小米，只顾着远方的星辰大海，忘记了踏踏实实把路走稳。

2016年头几个月的小米可谓内外交困。IDC发布的最新数据显示，第一季度小米智能手机的全球销量为1 480万部，小米已经跌出了全球智能手机销量的前五名，取而代之的是OPPO与VIVO。在此种不利状况下，各种负面文章汹涌而至。小米在供应商那里的议价能力也受到削弱，供应链的短板及运营的缺陷正在不断地暴露出来。这是小米和雷军面临的真实考验，也是创业者的真实写照——当公司面对残酷的竞争时，创业者必须做出重大的调整。然而，已然形成的公司惯性，包括高管的既得利益、员工的问责与挑战、内部纷繁复杂的声音、外部幸灾乐祸的嘲笑，都是创业者在高光背后独自一人必须面对的问题。雷军此刻体会到了那种心情——"你一边吞食玻璃一边凝视着深渊"。任何借口都无济于事，他必须自己下定决心去解决这些问题，让小米活下去。

2016年元旦假期，雷军召集林斌、黎万强和王川到自己家里讨论目前关乎小米生死的严重问题：如果早期对团队贡献巨大的创始人，此时已经不适合整个机体了，怎么办？那一天的谈话就像马拉松一样漫长，雷军表现出了很少在外人面前表现出来的那一面——委屈、痛苦和纠结。情势进退维谷，如果下决心调整硬件团队，他找不到合适的人来接手，公司的将来将很难保障；但是如果现在还不调整团队，公司的未来肯定不能得到保证。那一天的长谈让几个人困到崩溃，但是最后依然没有得出什么有用的结论，就像任何艰难的决定一样，它并不是轻易就能够做出的。

2016年5月的一次高管例会上，小米历史上第一次也是唯一一次面对面的激烈争吵发生了。手机部门的负责人在小米5销售承压的情况下，开始指责市场部，这触怒了刚回归不久的黎万强，两个人在例会现场开始争吵起来。这是雷军创立小米5年以来，第一次没能把例会开完。在两个人的对峙及旁边人的劝架声中，雷军离开了会议室，走出房间的一瞬间，他内心竟然充满了一种从天而降的平静。他知道，有些事情，他必须要做一个决断了。

2016年5月10日，小米MAX手机发布会结束之后，雷军一个人闭关思考了三天三夜。在此期间，有一些可怕的念头曾经出现在他的脑海中：如果进行重大的人事调整，整个团队会不会出现哗变？一旦出现军心大乱的情况，公司的业务会不会翻船？他甚至想，小米这么大的规模，要不要和政府机构报备一下这个重大变故，以便在需要帮助的时候可以及时呼救？如果在公司内部和市场上都找不到可以领导手机部门的负责人，该由谁来最终对这个部门负责？最后一刻，雷军想明白了这个问题，能够解这个结的人，只有他自己。创立这家公司已经有5年零2个月的时间，他不是不知道这个工作的复杂度，但是他还是决定，在没有合适人选的情况下，他只能亲自上场。他甚至想到了一个不恰当的比喻：如果一个孩子生了重病，那么不惜一切代价也要救治他的，肯定是他的父母。

随即，雷军召开了创始人内部会议，大家投票表决，一致通过了撤换手机部负责人的决定。紧接着，公司召开紧急董事会议，小米的董事们一致同意了这个对小米的未来发展无比重要的决定。在会上，大家还做出了周密的准备和详细的分工。2016年5月16日下午两点，和这位重要创始人的谈话由作为董事长的雷军开启，经过近8个小时的长谈，当事人最终平静接受了这个事实。

艰难的人事调整，是一个企业发展中的必修课。而小米最终完成了这一课，从这一天开始，它从一个创业公司逐步成长为一家走向成熟的公司。

思考：

结合本章内容，分析雷军如何做出正确的决策。

12　变革时代的真诚领导力

上善若水，水善利万物而不争，处众人之所恶，故几于道。居善地，心善渊，与善仁，言善信，正善治，事善能，动善时。夫唯不争，故无尤。

——《道德经·第八章》

随着我们步入 21 世纪，科技的发展正在加速改变我们周围的生活；移动互联网的出现与飞速发展使我们的生活日趋碎片化；社交媒体的广泛应用又在重塑人们之间的交往、认知与社会关系。信息的透明化与网络的高速传播能力使得当今的领导者正在面临前所未有的挑战，依靠压制、命令及谎言的管理作风必将遭到众人的唾弃。信息的泛滥与不确定因素的增加更进一步加剧了世界的动荡。2020 年新冠肺炎疫情的全球暴发更加凸显了当今的风险社会对于优秀领导者的迫切需求。

目前组织的领导者将面临诸多的挑战，经济周期的剧烈波动与绿色可持续发展的环境需求都在考验着组织领导者对于社会责任与创造价值的综合掌控与协调能力；同时，新的千禧年一代员工的出现，更是需要领导者去重新思考员工与组织之间的新型关系。面对变革时代的挑战，如何能够重塑组织的信心与活力，带领不同年龄的员工朝着共同的目标前进？这将是当代管理者成长为优秀领导者必须面对的熔炉时刻！

老子在《道德经》中借水喻道的经典阐述，为当下变革时代的领导者指明了真正的应对之道。在当今复杂的社会环境下，领导者只有回归本源，放弃各种不切实际的虚幻技巧，从内心深处重新审视自我，发掘自己内心真正的价值观，以善为本，真诚地去帮助改变周围的人与环境，才能最终与环境和谐相处，并带领团队取得组织价值与社会价值的高度、和谐、与统一。这也是当今领导力研究的一个重要的方向——真诚领导力。

真诚领导力代表了领导力研究领域对于应对当今复杂环境挑战的最新研究成果。真诚领导力与中国传统文化所提倡的"以德服人"有异曲同工之妙。真诚领导力倡导领导者首先要找到真正的自我。通过自我认知，明确自己的价值观与道德底线，并致力于遵循真正的自我。同时，通过自我省身，随时认识自我行为与自我认知上的偏差，随时调整自己的行为举止；通过客观公正的态度，向自己的下属与团队成员传递自己的价值观与道德准则，引领他们朝着正确的组织目标与方向前进；通过真诚与透明的工作作风感染下属，使他们自觉地转化为追随者，愿意跟随领导者朝着既定的目标奉献自我，从而实现自我价值与社会价值的和谐统一，最终达到中国传统文化所倡导的"明明德，止于至善"的自我管理、自我实现的境界。

> 瑞典平安旅行公司的年轻总裁卡尔森在刚开始接手瑞典灵恩航空公司时，发现交到自己手中的是一个烂摊子。当时，该航空公司主要飞往返于首都的国内航线，大多数旅客为商务客人，由于机票缺乏竞争力，经常出现航线载客量过少，公司面临破产清算的边缘。卡尔森上任后做的第一件事情就是将所有的公司员工都召集到飞机的维修库中开了一个全体员工大会，他本人站在机库的箱子上面对所有的员工发表了一篇振奋人心的演讲，他在演讲中非常真诚地告诉大家公司目前的严峻情况："公司目前状况不佳，亏损相当严重，并且还有其他很多难以解决的问题。作为新任总裁，我对公司一无所知，凭我个人一己之力，绝对无法挽救整个公司。拯救公司的唯一方法是你们愿意帮助我，每个人都承担起拯救公司的责任。提出你们的想法与经验，再加上我个人的一些观点，最重要的是，你们必须帮助我，唯有如此，灵恩航空才有希望！"①卡尔森的话对员工产生了巨大的影响，他们原以为会接受新总裁的指令，没想到，这一次责任落在了自己的肩上。随后，在卡尔森的带领下，整个公司爆发了空前的活力，员工踊跃参与到改善公司服务的进程中去，提出了大量积极有效的合理化建议。同时，员工在卡尔森真诚领导力的感召下（见图12-1），每个人都深深感受到自己与公司之间的紧密联系，大家唯有齐心协力、团结一致，才能共渡难关。在这种精

---

① 詹·卡尔森. 关键时刻MOT [M]. 韩卉, 译. 北京：中国人民大学出版社, 2006：62.

神的鼓舞下,灵恩航空一改过去的呆板保守的作风,迅速推出了百元机票的销售举措,与瑞典铁路展开激烈的竞争,并迅速扩大了自己的知名度与客户群体。最终,灵恩航空摆脱了困境,成为瑞典盈利最佳的航空公司。

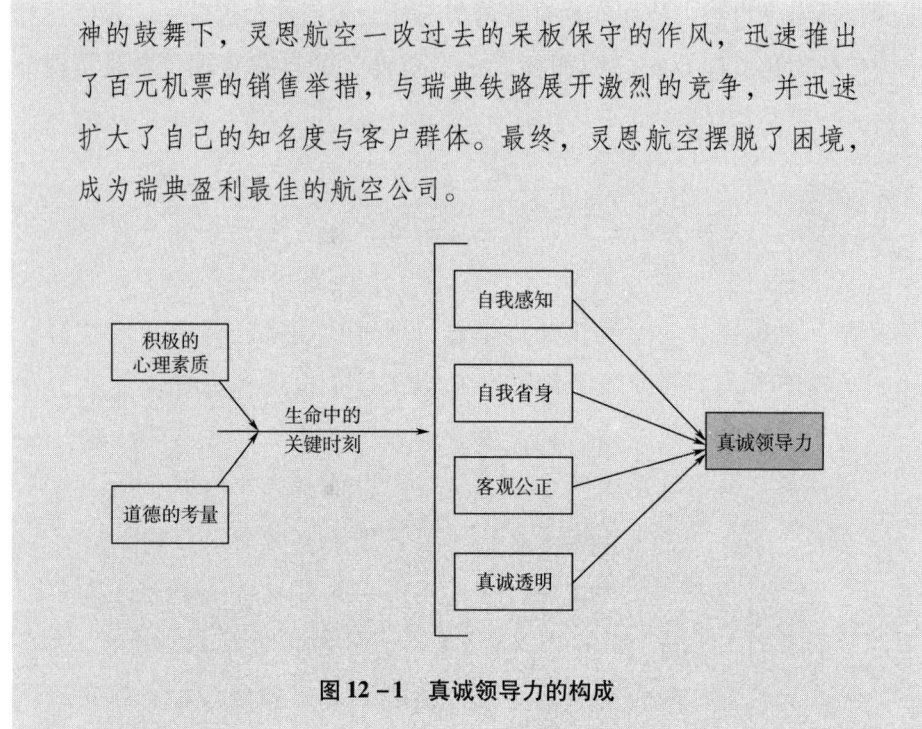

图 12-1 真诚领导力的构成

12.1 积极的心理素质

对于处在多变复杂环境的领导者而言,保持一种积极的心理素质是基本的必要条件。对于领导者而言,越是面临各种不确定性因素的威胁,越需要以一种积极主动的心态去面对。同时,领导者更需要将这种积极主动的心态传递给团队中的每一个成员。唯有如此,团队的士气才能够保持,领导者才能够带领大家群策群力,共同朝着既定的目标前进。在这种环境下,领导者必须要具备强大的心理素质,同时还要能够冷静地分析在当前复杂的环境下自己的竞争优势及对手的劣势,扬长避短,小步快跑。只有这样,才能够带领团队不断取得突破,增强成员信心,并朝着最终的目标前进。

在南昌起义失败之后，年轻的中国工农红军遭受了成立以来最严重的挫折，整个国内的革命形势陷入了低潮，大批的共产党员遭到驱逐与杀害，整个革命队伍中弥漫着绝望与迷茫的氛围。毛泽东同志在当时敏锐地觉察到了环境的巨大变化与复杂性，率领红军在敌人势力相对薄弱的井冈山地区创建了井冈山革命根据地。在跟国民党反动派的斗争中，根据地的面积不断扩大，通过打土豪分田地等有效的措施，吸引了大批的贫困群众加入红军的队伍。在此期间，毛泽东同志不断总结之前革命斗争中失败的教训和成功的经验，先后发表了《中国的红色政权为什么能够存在?》《井冈山的斗争》《关于纠正党内的错误思想》《星星之火，可以燎原》四篇重要的文章。前两篇文章从经济、政治、国内外的整体环境等方面系统地分析了敌我双方的优势与劣势，并提出了根据地斗争模式的可行性与有效性，增强了革命队伍的信心。《关于纠正党内的错误思想》对红军进行了彻底的基于马克思主义与列宁思想的改造，完全脱离了旧军队的管理模式，创建了全新的红军。《星星之火，可以燎原》科学地分析了国内政治形势和敌我力量对比，批判了夸大革命主观力量的盲动主义和看不到革命力量发展的悲观思想。正是毛泽东同志积极乐观的心理素质帮助他在关键时刻，坚持探索革命真理并用自己的智慧与实践为中国革命找到了一条切实可行的光明大道。

12.2 道德的考量

每一位领导者在生命中的很多重要抉择时刻，通常会面临道德上的考量。大多数领导者都渴望成功，希望带领自己的团队不断地挑战现状。但是在取得成功的道路上，随着战果的不断扩大，成功会逐渐冲昏他们的头脑，他们会醉心于自己的成功所带来的声望与特权，会逐渐发生心态上的巨大变化，变得刚愎自用，变得越来越以自我为中心。同时，由于害怕失败，为了攫取胜利，他们开始变得丧失了自己的原则，甚至变得不择手段。

诺华制药的 CEO 魏思乐在 2002 年接受《财富》杂志采访时曾经深刻地描述了这一心态："一旦你进入了这种循环，即便是不小心进入的……你就会开始牺牲一些重要的、从长远来看对于你的公司而言非常重要的东西。你之所以要拼命地推动这个循环，与其说是害怕失败，还不如说是渴求成功……因为对于我们当中的很多人来说，成为一名成功的管理者是一件十分令人神往的事情，这种寻求赞誉的心态形成了一种信念，甚至是扭曲的信念。当你取得一些好的结果的时候，你通常会接到来自各方面的祝贺，于是你很容易就会开始相信所有的恭贺都是围绕你而来的。这时你就会对外部世界理想化，你就会很容易相信他们所写的关于你的一切都是真的。"

魏思乐的这段话，切实地阐述了公司的 CEO 在带领团队取得一系列的成功后，心态发生的巨大变化。由于渴望更大的成功，领导者往往会为了追求股市上的短期表现而忽略组织存在的真实意义。同时由于之前的一系列成功，领导者会迷恋高光时刻，在金钱及荣誉的诱惑下，开始背离组织创立的初衷，最终跌落神坛，并对组织造成极大的伤害甚至是毁灭性的打击。

安然公司的道德困境

安然公司，曾是一家位于美国得克萨斯州休斯敦市的能源类公司。在 2001 年宣告破产之前，安然拥有约 21 000 名雇员，是世界上最大的电力、天然气以及电信公司之一，2000 年披露的营业额达1 010亿美元之巨。公司连续6年被《财富》杂志评选为"美国最具创新精神公司"。然而真正使安然公司在全世界声名大噪的，却是2002年使这个拥有上千亿美元资产的公司在几周内破产的财务造假丑闻。

在公司的一把手、CEO肯尼斯·莱心目中，20世纪90年代中期的安然达到了一个完美的平衡：COO（首席运营官）里奇·金德管理着公司的传统管线业务及国内的电力业务，为公司赚取必要的现金；斯基林的交易部门使得公司在华尔街得以脱离传统能源企业的股市定价，以新兴产业的身份得到估值溢价，交易业务虽然风险大，但是做得好回报也大，只要控制好风险敞口，就可以用在管线业务上赚到的钱抵消亏损；丽贝卡·马克的国际部门为公司提高声誉，起到很好的社会效益，第三世界的生意虽然风险大，但是，凭着自己与华盛顿政要的密切关系，风险也是可控的。安然的这三驾马车互相支撑，可保安然的业绩及利润保持一个平衡增长。

1990—1995年，安然的股价上涨了3倍，远远跑赢了指数。从报表看，从1993年盈利3.87亿美元，到1994年的4.53亿美元，到1995年的5.2亿美元，一切都在预想中顺利前行。安然造就了一个媒体喜欢的勇于冒险、创新的故事，一个华尔街中意的旧企业脱胎换骨的故事。一个美国梦，就这么成了。

莱成为社交明星，他忙于外部活动，与华盛顿的政要们交好。他要完成一个贫困男童奋发图强终于成就大业的故事。凭着他与政界的关系，从此进军政坛也不是梦想。

然而，事情并不像他想象的那样发展。会计报表上被透支的未来利润，现实中新的赢利难以为继，使得公司在会计数字游戏上的步伐根本停不下来，最后导致了内爆。

首席财务官的数字游戏

1996年,安然的首席运营官里奇·金德离开了安然。从金德的角度看,斯基林与马克的业务模式就是拿公司财产冒险,而取得的利润却归自己。而从麦肯锡出身的斯基林则目空一切,崇尚靠智力赚钱,而不是靠投资基础设施赚钱。加上当时美国刚刚刮起的互联网之风,风向明显偏向斯基林。金德离职后,斯基林坐上了COO的交椅,成为实际经营安然的人。

斯基林计划把安然的硬资产全部卖掉,使安然成为一家轻资产的贸易公司。为此他成立了安然能源服务公司,希望政府会在不久的将来取消全部的能源管制,安然能源服务公司能够撇开能源公共事业单位,直接向个体消费者提供能源。然而这方面的游说一直不顺利,投入的巨额资金没有回报。斯基林成立的另一家公司是安然宽带业务公司,他设想把宽带的流量作为商品交易,还要生产一种机顶盒,顾客可以通过机顶盒点击视频,这种技术在当时根本不成熟,难以产生利润。但是,当他把华尔街的评论家们带到他的宽带交易室参观后,安然的股价立刻上涨了20%多,投资者相信安然能克服技术上的障碍,像天然气市场一样成功。到20世纪90年代末,安然已经完全改变了:贸易与交易成为其主业,18 000名员工中,有6 000人在从事交易,而能稳定获得现金的管线业务及天然气生产业务不是被边缘化就是被卖掉。

斯基林对自己的改革信心满满,但是,灭顶之灾随后到来。2000年春天,美国互联网泡沫破灭,网络公司股票价格自由落体式下跌,大量公司倒闭。将宽带业务作为未来一大支柱产业的安然股价,也不可避免受到波及。而股价的下跌,成为安然破产的导火线。因为安然的首席财务官——大胆且贪婪的安德鲁·法斯托为公司设计了一个与公司股价挂钩的获得现金的财务结构。这个结构在股价上升时可以为安然筹到急需的现金，但是，一旦股价下跌到某个价位，就会产生连锁反应，公司债务就会急剧膨胀。

首席财务官法斯托搞财务数字游戏很有一套，每当财务数据完成不了，事情搞得不可收拾的时候，法斯托就会说"让我来处理吧"，而且他每次都能起死回生。由于公司海外业务及新开发的部门都需要巨额现金，法斯托想出了一个获得现金的办法：由他成立一个关联公司，当安然需要现金时，他的公司就购买部分安然的资产，把现金注入安然。过后安然再高价购回这部分资产。购买资金则由法斯托自己与美国各大银行提供，为了保证这些银行不受损失，每次交易将使用等价的安然股票作为担保。各大行明知这种手法有问题，但是，为了保持与安然在其他业务上的联系，花旗、大通等大行都同意参与这种买卖。毕竟，有安然的股票作为抵押，风险很低，而且还有钱可赚。法斯托不是只停留在这一步，为了获得更多的现金，他再将与各大行签订的合同作为担保，从别处获得资金。这种交叉担保可以无穷地循环下去，理论上可以为安然获得无穷的现金。而且，每次他都会要求安然高价回购资产，这样他可以赚取丰厚利润。

但是，这个架构的前提就是：安然的股价要一直上涨。

随着互联网泡沫破裂，安然股价跳水，法斯托那里作为交叉担保用的安然股票的价值也不断降低。亏损在不断扩大。2001年10月份，安然的股价已经由前一年年底的最高90美元跌到26美元。市场上开始流传安然的现金流转出了问题，交易商们都开始要求安然现金支付，而安然很难再找到现金来源。

> 法斯托的那套会计把戏不久就被安然内部人员曝光,而且发现法斯托通过交易从安然那里盈利 4 000 多万美元。当年 10 月 22 日,在美国证券交易委员会(SEC)要求安然自查后,安然股票跌到 20 美元。23 日,安然宣布撤销法斯托的 CFO 职位,股价继续跌到 16 美元。到 11 月 28 日,走投无路的安然股价跌到了 61 美分。
>
> 2001 年 12 月 2 日,安然负债 498 亿美元,宣布破产。①

12.3 自我感知

作为真诚领导力的首要组成元素,自我感知指的是领导者的自我洞察能力。它表明领导者对自己有一个全面系统的认识,包括自己有哪些优势,自己有哪些劣势,自己对他人的影响力如何,自己的核心价值观是什么,还包括自己的判断能力、情感、动机以及目标等等。

> 《礼记·大学》第七章中说道:"所谓诚其意者,毋自欺也。如恶恶臭,如好好色,此之谓自谦。故君子必慎其独也。小人闲居为不善,无所不至,见君子而后厌然,掩其不善,而著其善。人之视己,如见其肺肝然,则何益矣?此谓诚于中,形于外,故君子必慎其独也。"

《礼记·大学》的这段话翻译成现代语言就是:"我们所说的真诚的

---

① 节选自:浜尚亮. 国外企业犯罪案例系列财务欺诈之安然事件[J]. 人民公安,2016(7):58–63.

本义，就是不要自己欺骗自己，譬如大家对不好的气味都不喜欢，对于美好的事物都心生欢喜，这是我们内心的真实感受。如果我们能够敢于接受自己的真实感受，那我们就做到了不自欺欺人，这就是所谓的自己能够保持一种谦逊的心态。所以君子要审慎精思。小人在家闲居时内心非常的烦躁、不耐烦，因此无论好坏，什么事情都做得出来。当他们看到君子到来后，也会感觉自己做的事情不对，拼命掩饰自己的不良行为，好像自己做的都是正确的，实际上是在自欺欺人，别人看到你，就像能见到你的五脏六腑那样透彻，装模作样会有什么好处呢？一个人内心深处的想法，最终会体现在言行举止之上。所以，有德之人哪怕是在一个人独处的时候，也一定要审慎精思。"

星巴克的创始人舒尔茨鉴于自己儿时的亲身经历，对于父亲由于从事各种兼职工作，无法享受医疗保险待遇的窘迫状况感同身受，非常同情兼职员工的不安全感，在企业创始的初级阶段，在依然需要股东自筹资金维持发展的情况下，毅然决定为当时咖啡店 2/3 的兼职员工提供同等的医疗保险待遇，这对于尚处于发展初期的星巴克而言，是一笔着实不小的开支。在说服董事会时，舒尔茨提出了自己的见解，表面看来，公司的成本是上升了，但如果能够减少人员的流动性，公司将节省一大笔培训与招聘开支。在当时，一个全职雇员的福利只有 1 500 美元，但是培养一个新员工的一年的费用高达 3 000 美元。而对于咖啡店而言，员工是联系顾客的坚实纽带，尤其在 20 世纪 80 年代，各大企业都在忙着削减成本，咖啡店的员工流动性非常大。令人欣慰的是，随着医疗保险计划的实施，星巴克员工的忠诚度出现了极大的提升，更多的人愿意加入这个大家庭。随着星巴克的发展，1990 年舒尔茨进一步提出了"咖啡豆股票"计划，对于在星巴克工作的员工，根据其工作年限及贡献，给予年薪 12% 的股权赠予。并把所有的员工称为伙伴，当时的星巴克尚未上市，正是基于"给人以敬重与尊严"的企业核心价值观，星巴克得到了员工的积极回应，他们自发地为公司节约各种成本，将公司视为自己的企业，以为星巴克工作而自豪。

　　自我感知是实现真诚领导力的第一个阶段。领导者首先要能够自我觉察、自我洞见，才能够对自己有一个客观真实的认识，才不容易被外界的各种虚假言辞所迷惑。为了训练自我感知的能力，领导者每周至少要抽出一个固定的时间，尽量找个相对安静的房间，不允许任何外界的干扰，认真地回顾一下自己近期以来的各种言行，是否有违背自己真实感受的方面，是否做到了不自欺，是否能够保持言行一致，并将自己的不一致之处认真记下来，以便后面加以改正。

12.4　自省吾身

　　自省吾身指的是领导者自身的自律过程。领导者依靠自己内心深处的道德标准来指导自己的行动，不屈服于外界的压力与影响。同时，领导者通过遵循自身的价值观来指引自己的行动，从而使自己言行合一，更好地为下属树立榜样，并使其转化为自己的追随者。如果说自我感知是对自己的言行举止进行的一个全面扫描，那么自省吾身则是领导者针对自己面临的道德考量与利益冲突，应遵循价值观所作出的正确抉择。在《论语·学而》篇中，曾子在回答孔子的问题时说："吾日三省吾身：为人谋而不忠乎？与朋友交而不信乎？传不习乎？"曾子每天都多次自觉省察自己，查看为别人做的事是否尽心竭力，与朋友交往是否诚心诚意，老师传授的学业是否温习了。曾子早在春秋时期，就为我们提供了自省的修身方法，教导我们要随时反思自己的行为举止，看是否违背了自己的初心与使命。

　　　　2006年，福耀玻璃为配合双辽工厂的浮法二线上马，投资8 000万元人民币在当地兴建了一个精选硅砂厂，以便利用当地的硅砂原料进行选矿。为了解决当地矿砂铁铝含量偏高的问题，

> 还专门斥资800万美元从德国定制了一套洗矿设备，利用氢氟酸除掉硅砂中的杂质。但是在运行的过程中发现，氢氟酸是剧毒化学试剂，在处理的过程中并非像厂家宣传的那样，最后处理完的矿渣即使掩埋，由于含氟量过高，依然会对环境造成二次污染。
>
> 曹德旺在得到工厂的汇报后，经过两天的深入思考，果断关停了双辽的选矿厂，宁愿花费更高的价格从外地购买原材料。曹德旺在回答下属的质疑时说道："没有环境要效益做什么，你就是一时赚到了效益，从长远讲，你始终是感到不安的。试问还有什么可以比心安理得更有价值？"[①]

自省吾身是真诚领导力修炼的第二个阶段。首先领导者通过自我感知，客观地观察了自己的优点与缺点。接下来，在自省吾身阶段，随时反省自己的言行与决策是否背离了自己的核心价值观，为自己下一步的提升奠定坚实的基础。

12.5 客观公正

客观公正是领导者达到真诚领导力的第三个维度的技能，要求领导者必须能够以一个公正客观的视角来对待各种不同的观点与看法，避免偏听偏信。作为一个真诚的领导者，在作出任何决定之前，必须以一种开放的氛围允许团队成员发表各自的观点与意见，避免对某些方面的意见表现出偏袒而对另外一些意见表现出偏见，确保每个成员都能够畅所欲言，并在

---

① 曹德旺. 心若菩提[M]. 北京：人民出版社，2020：291.

此基础上作出最后的决策。

星巴克的创始人舒尔茨曾经提到过星巴克两条看似矛盾的信念：一条是：我们相信每一个企业都必须代表某种理念，其核心必须建立在它最正宗的产品上面，而这种产品只能比顾客自己想要的更出色。另一条是我们同样信奉对顾客的要求"就要说是"。好的零售商应当打破常规来满足顾客的需求。早期的星巴克曾经对这两个原则感到无所适从，然而，随着具备多年零售经验背景的毕哈的加入，舒尔茨找到了二者之间的调和点。早期的星巴克是正宗意式咖啡的狂热信徒，对于任何影响到意式咖啡正宗口味的做法，他们都予以果断拒绝。有很多顾客基于健康及体重的原因，希望提供无脂牛奶来冲调咖啡，其他的竞争对手早已开始满足顾客的需求，但是对于星巴克而言，这将有损传统意式咖啡的口感，因此被坚决地回绝。毕哈作为运营总监，上任伊始就着手对星巴克的所有 30 多家门店进行实地考察，他发现了很多顾客都有同样的需求，就提出了让星巴克提供无脂牛奶的做法，一开始遭到公司多数人的反对，他们认为这样将有损星巴克的核心产品理念，然而毕哈始终坚持自己的判断，在他的坚持下，舒尔茨决定亲自来到门店进行考察。经过一天的认真观察，舒尔茨发现确实有大量的顾客要求提供无脂牛奶，由于无法满足需求，星巴克为此流失了大量的潜在客户。经过认真的思考，舒尔茨决定在一些门店进行尝试性的服务，结果发现大受欢迎。很快星巴克在所有的门店中都推出了无脂牛奶。但是，对于星巴克的核心产品咖啡豆的烘焙与品质，星巴克依然保持自己的一贯做法，只是顾客可以根据自己的需求来选择不同的方式冲调自己的咖啡，为此，星巴克迅速赢得了更多顾客的喜爱。恰恰是基于客观公正的理念，舒尔茨通过自己的实地考察，证实了毕哈的判断，并在不违背自己产品理念的原则上，对于顾客的需求进行了积极的响应，并最终赢得了更多顾客的青睐。

12.6 真诚透明

真诚透明是真诚领导力的第四个维度。当领导者在以上三个维度都能够完全胜任的情况下，他就能达到第四个维度的修炼。他需要通过一种开放、真诚的态度，向他的追随者展现真实的自我。

戈尔公司的真诚透明文化

1958年，年近50岁的比尔·戈尔毅然决然辞去杜邦公司高管的职位，与他的妻子创建了戈尔公司，决心打造一个"零官僚主义"的企业。发展至今，戈尔公司从最初的地下室已发展成一个多元化的集团化企业，拥有电子、面料、工业和医疗四个部门，分别服务于不同的行业。60多年来戈尔从未停止创新的步伐，但最令世人瞩目的是戈尔家族精心打造的企业文化。

戴夫·乔肯特是戈尔公司的一位产品专家，他刚加入戈尔公司不久后便前往凤凰城进行培训。在飞机上，乔肯特告诉邻座的人自己在哪里工作，而对方说："我也在戈尔公司上班。"乔肯特万分诧异："你开玩笑吧？你在哪工作？"对方回道："哦，我一直在樱桃山工厂上班。"在飞机上的两个半小时里，乔肯特都在与这位绅士交谈，可谓相谈甚欢。下了飞机，乔肯特握着对方的手说："我是戴夫·乔肯特，很高兴认识您。"而对方回答道："我是鲍勃·戈尔（创始人比尔·戈尔的儿子，也是戈尔公司当时的总裁）。"这次奇妙的相遇让乔肯特深刻地感受到戈尔公司的平等主义文化。

戈尔公司的文化环境就是如此的别具一格。他们坚信企业最大的财富是人，企业最大的生产力是员工的创造性，而只有自由、包容的工作环境才可以让每位同事贡献富有创意的想法，充分释放他们的潜能。

所以，比尔·戈尔数十年如一日地用平等主义打造这个"零官僚主义"的企业。即使面对全球化的挑战，戈尔公司也一直努力让员工在自由的国度里创新、发展。在戈尔，一个员工从来不固定地属于某个组织，每一个员工都可以根据自己对产品与市场的看法，召集组织项目小组。虽然从生产组织的角度将整个企业划分为电子和导线产品、医疗产品、工业产品、布料产品四个产品领域，但所有的员工仍可以在各个产品领域自由流动。整个组织犹如由活动的积木搭建而成，可以不断变化。

戈尔公司的一位普通同事想到工业光纤是否可以用来清洁牙齿，由此开发了大受消费者欢迎的低摩擦滑动的牙线；戈尔公司的工程师们研制出了用塑胶包裹加工后的吉他线，并且成功推向市场……戈尔公司就是这样，如果员工有新产品的创新，他不需要征得上级的批准，只要能在公司内部寻找到支持他观点并愿意并肩作战的同事即可。

戈尔公司将这一切创新的源泉归功于其独特的公开透明的"网状"组织结构。网状结构之下没有等级之分、没有指挥链条、职责无边界、自己分配任务……戈尔公司对外招聘的职位中也很少有正式的职称，而这背后正是戈尔公司的平等主义文化。

在戈尔公司并不是没有领导层，但它的领导者并非由公司任命，而是通过员工展现自己能力吸引到追随者，获得他人信

> 任、自然而然地成为团队的领导人。一旦你成功地推销了你的想法，并获得"直达问题本质"的评价，你就会拥有追随者。戈尔公司将这个过程称为"自然领导"。他们坚信这种开放的交流形式可以使更多的新创意从公司基层产生。①

真诚透明是真诚领导力修炼的最高境界，因此，这对公司整个基于价值观的文化体系的构建也提出了极为苛刻的要求，只有符合公司核心价值观的应聘者才能够进入公司的考虑范围。戈尔公司作为其中的优秀代表，正是基于这种核心价值观进行选拔及招聘人才的，这也是为什么戈尔公司对于招聘员工有着极为复杂与漫长的流程。戈尔公司首先要考量潜在的应聘者是否与公司倡导的开放、透明的价值观保持一致。员工刚进入戈尔公司往往需要一段时间的适应过程，在此期间，员工会逐渐学习戈尔公司的企业文化，每个人都能够明白自己工作的价值与意义所在，他们以自己在这里工作而自豪，甘愿奉献自己的聪明才智为组织创造更大的价值，并享受这一过程。

小结

真诚领导力作为领导力修炼的一个最新研究领域，为组织应对未来不确定性的挑战提供了一个非常有益的视角，它也代表了领导力研究领域的最新发展方向与潮流。为了更好地掌握真诚领导力的精髓，领导者需要从以下两个方面加强自己的日常修养：

（1）具备积极的心理素质。为了更好地应对未来不确定性的挑战，领

---

① 穆胜企业管理咨询事务所团队．"最令人向往的公司"：戈尔公司的造人计划［EB/OL］．［2019-04-03］. https://www.sohu.com/a/305788436_99981592.

导者首先要具备强大的心理素质，随时迎接各种熔炉时刻的挑战，唯有如此，组织的管理者才能够真正成长成为一个领导者。

（2）道德的考量。作为真诚领导力的基石，听从内心深处核心价值观的指引是修炼真诚领导力的"真北"指针，它时刻警醒领导者"不忘初心，牢记使命"，唯有如此，才能够开展下一阶段的具体修习之旅。

在达到了上述的基本条件之后，要想成为一个真正的真诚领导者，领导者还需要从以下四个境界不断地去修炼自己的真诚领导力：

（1）自我感知。作为一个真诚的领导者，首先要对自己有一个全面客观的认识。领导者每周至少要抽出一个固定的时间，尽量找个相对安静的房间，不允许任何外界的干扰，认真地回顾一下自己近期以来的各种言行，是否有违背自己真实感受的方面，是否做到了不自欺，是否能够保持言行一致。

（2）自我省身。在自我感知的基础之上，真诚的领导者要随时反省自己的言行与决策是否背离了自己的核心价值观，随时反省自己的错误言行，并及时地进行修正。

（3）客观公正。作为真诚领导力修行的第三个境界，领导者在作出任何决定之前，必须以一种开放的氛围允许团队成员发表各自的观点与意见，并在此基础上作出最后的决策。

（4）真诚透明。作为真诚领导力修炼的最高层次，领导者能够将自身的价值观与组织的价值观完美地保持一致，将真实的自我展现给追随者，并帮助每个追随者自发地为公司奉献自己的才智。

 案例分析

让农民工变为绅士——德胜洋楼的真诚领导力

总部位于苏州工业园区波特兰小镇的德胜洋楼成立于1997年，员工

不足千人，其中很大一部分是由农民工构成的建筑工人。德胜洋楼不是房地产开发商，而是一家房屋建造商，其主业是设计和建造美制木结构住宅（一种轻型木结构的低层单户住宅，中国俗称"美制别墅"）。因此，德胜洋楼公司可以说是"洋"与"土"的结合——盖的是洋楼，但盖洋楼的是中国最土的农民工。公司目前年营业额近6亿元人民币，占据国内70%的市场份额。

尽管在过去的十多年里，中国房地产业飞速发展，但是建筑行业里并未形成真正意义上的"产业工人"。建筑工地上辛苦作业的施工队，基本都由打零工的农民构成。那些今天还在田里赤脚干活的农民，也许明天就挥舞着泥瓦刀，站在了高高的脚手架上。缺乏专业训练、临时拼凑而成的农民工队伍如何确保建筑质量达标？没有社保，住房、吃饭、工作条件皆简陋的农民工，如何提高职业素质和技术素质？没有高素质的工人，又如何能建造出高质量的房屋？

在德胜公司，你找不到传统意义上的农民工。这里没有四处打游击干活、年底讨薪无门的苦哈哈的农民，取而代之的是有正式编制和正式职工待遇的建筑工人。在德胜公司，这些出身农民的木工、瓦工、电工等，不仅被训练成合格的产业工人，而且被改造为文质彬彬的绅士。这个转变是怎样发生的？

- 给员工绅士的待遇

从2002年开始，每年冬天的圣诞节，德胜公司都会在苏州最豪华的五星级酒店举行一年一度的盛大晚会。公司全体员工，包括各个工地上的建筑工人，不远千里赶回苏州，参加圣诞之夜的公司年会。当德胜公司第一次联系苏州喜来登酒店的接待人员时，酒店方曾经非常担心：几百名农民工在这样高档的酒店里狂欢会不会闹出一些尴尬的事情？然而，实际情况却令酒店人员大为惊讶，这些农民工的行为之端正超过了酒店所接待过的很多人士。几百人的宴会厅里，一切井然有序，不仅没有出现大声喧哗、乱耍酒疯或者随地吐痰、抽烟的现象，而且所有的农民工都衣着得体、彬彬有礼、自然大方，俨然一副绅士的做派。酒店的经理也忍不住赞他们是"民工的面孔，绅士的风度"。

把全体农民工请到五星级酒店来开大会，这恐怕是国内仅有的一家公司。德胜之所以舍得花费巨资，每年召集员工到最豪华、最高档的酒店开会，是为了让每位员工，尤其是处于社会底层的农民工享受绅士的待遇，感受高品质的生活，从而获得一份自豪感和尊严。因为，只有受人尊重、拥有尊严的员工才能反过来尊重自己的工作，才能把自豪感带入工作之中。

在我们国家，企业高管出国考察是常有的事情，但是有谁听说过农民工出国考察的？德胜公司就有这项措施，只要工作满五年，每个农民工都可以免费出国考察一次。公司每年都组织一批员工到欧美国家去参观学习——创始人聂圣哲的心愿是让所有员工今生都能有一次机会出国看看外面的世界。

德胜并不只是"偶尔"才给员工们这样的待遇，在日常管理中，它也同样尽其所能把最好的工作和生活条件给予员工。与大部分的建筑工地不同，德胜的建筑工地有如下特点：施工现场整洁干净，工作服、安全帽以及各种安全设施都齐全；工人不准带病上班，如果发现带病坚持上班，每次罚款30至50元；食宿条件非常好，宿舍24小时有热水供应（条件好的还有空调），一日三餐有丰盛的热菜热汤，只要花一两元钱就能吃饱吃好（公司给员工每人每天补贴伙食费20至30元）。

● 培养良好的个人习惯

把散漫的农民工变成绅士和合格的产业工人，仅仅给予他们绅士般的生活待遇是不够的，德胜公司在业务培训和素质教育方面所下的功夫也毫不含糊。对于每位尚处于试用期的新职工，公司会做出特别提示："您正从一个农民转变为一名产业化工人，但转变的过程是痛苦的。"

德胜对农民工的改造从最基本的个人卫生开始，在德胜的试用职工条例中有非常详细的规定，比如：每天至少刷牙一次，饭前便后必须洗手，尽快改掉随地乱扔垃圾的习惯，尽快改掉随地大小便的习惯，卫生间用完之后必须立即冲刷干净等。

不要觉得这些规定太琐碎或者太初级，事实上，不少受过良好教育的国人至今也改不掉乱扔垃圾的习惯；不少城市人在用完卫生间之后，也不屑于冲刷干净。"一屋不扫，何以扫天下"？日常生活中的卫生习惯和行为表现最能反映一个人的基本素质。基于此，德胜从最基本的卫生习惯着手，来逐步提升农民工的个人素质。

在工作场合，德胜要求员工"衣冠整齐、不得打闹、不得穿拖鞋"，"工作时间埋头工作，不说闲话和废话"，"礼貌待人，见面问声好，分手说再见"，"做错任何一件事情，必须立即向上级反映，不诚实的人是得不到信任和重用的"。

此外，针对员工的一些不良嗜好，公司做出了更为严格的规定，如：工作期间，中餐严禁饮酒，晚上需要加班的也严禁饮酒；除春节法定假期外，任何时间都严禁赌钱。如果员工被发现赌博或者违反饮酒规定的，经规劝不改者，就会受到公司的解聘处理。

除了硬性的制度约束，集体的同化力量也很重要。每有新员工加入，公司都会有意识地把新、老员工安排在一起工作，比如让9个老员工带1个新员工，在老员工影响下，新员工很快就会被同化。但是如果比例不合适的话，比如让7个老员工带3个新员工，那么不仅新员工不会被同化，老员工反而可能被带偏。

德胜的管理原则是"把话说透"（对员工的要求体现在规章制度中）和"把爱给够"（给员工足够好的待遇和福利），但是德胜也绝对不是一个容忍混子的老好人公司。它遵循国际通用的"1855规则"：10%的员工到年终要重奖，80%的员工予以肯定，5%的员工受到批评，最后5%的员工要被解聘。这最后5%的员工指的是有意怠慢工作或者工作不努力、未能完全履行自己职责的员工。

不过，这个解聘不是真正的解聘，而是给员工一次自我反省的机会。

员工在一个公司待久了，待舒服了，难免产生惰性，所谓"三年一小痒，七年一大痒"，不良习性有可能故态复萌。那么，公司就让他们清醒一下，把他们放到外面去，让他们吃吃苦头。被末位淘汰制筛选下来的员工在外面打工一年，就会重新发现公司的种种好处，因为在外面打工找活儿很不容易，就算找到活儿又担心拿不到钱。如果这些员工果真心有悔悟，并诚恳改过，公司也愿意敞开怀抱，再度接纳他们。这就是德胜公司的"吃一年苦"工程。这个举措又一次体现德胜公司宽严结合的管理原则：一面是冷酷无情的末位淘汰制度，另一面是以人为本、关怀包容的爱心文化。

思考：

运用真诚领导力的理论来解释德胜公司是如何创造奇迹的。

参考文献

[1] 毛泽东. 毛泽东选集 1-4 [M]. 北京：人民出版社，2009.

[2] 彼得·德鲁克. 管理学：目标、责任与实践 [M]. 纽约：Harper & Row 出版公司，1974.

[3] 戈尔曼. 什么造就了领导者 [J]. 哈佛商业评论，1998（11-12）.

[4] 关培兰. 组织行为学 [M]. 武汉：武汉大学出版社，2001.

[5] 哈罗德·孔茨，海因茨·韦力克. 管理学 [M]. 北京：经济科学出版社，1993.

[6] 吉姆·柯林斯. 从优秀到卓越 [M]. 北京：中信出版社，2002.

[7] 彼得·德鲁克. 卓有成效的管理者 [M]. 许氏祥，译. 北京：机械工业出版社，2019.

[8] 詹姆斯·M. 库泽斯，巴里·Z. 波斯纳. 领导力 [M]. 徐中，周政，王俊杰，译. 北京：电子工业出版社，2013.

[9] 比尔·乔治，彼得·西蒙斯. 真北：125 位全球顶尖领袖的领导力 [M]. 刘祥亚，译. 广州：广东经济出版社，2012.

[10] 吴维库. 领导学. 2 版 [M]. 北京：高等教育出版社，2011.

[11] 张顺江. 自导式管理——儒家管理心理学 [M]. 北京：当代中国出版社，2003.

[12] 史蒂芬·柯维. 高效能人士的领导准则 [M]. 北京：中国青年出版社，2012.

[13] 稻盛和夫. 活法 Ⅱ [M]. 北京：东方出版社，2009.

[14] 稻盛和夫. 领导者的资质 [M]. 北京：机械工业出版

社，2015.

［15］霍华德·舒尔茨，多利·琼斯·扬．将心注入［M］．杭州：浙江人民出版社，2010.

［16］小艾尔弗雷德·斯隆．我在通用汽车的岁月［M］．北京：华夏出版社，2005.

［17］沃伦·本尼斯．领导者［M］．北京：中国人民大学出版社，2009.

［18］沃伦·本尼斯．成为领导者［M］．北京：中国人民大学出版社，2008.

［19］曹德旺．心若菩提［M］．北京：人民出版社，2017.

［20］詹·卡尔森．关键时刻［M］．北京：中国人民大学出版社，2008.

［21］COLLINS J. Level 5 Leadership：The Triumph of Humility and Fierce Resolve［J］. Harvard Business Review，2001（1）.

［22］WOLFF S B，PESCOSOLIDO A T，DRUSKAT U. V. Emotional Intelligence as the Basis of Leadership Enmergence in Self-managing Teams［J］. Leadership Quarterly，2002，13（5）：505-522.

［23］HOUSE R J. A Path Goal Theory of Leadership Effectiveness［J］. Administrative Science Quarterly，1971，16（3）：321-338.

［24］HOLLENBECK G P，MCCALL JR M W，SILZER R F. Theoretical and practitioner letters：Leadership competency modedls［J］. Leadership Quarterly，2006，17：398-413.

［25］ECHOLS M E. Developing Leaders［J］. Leadership Execllence，2007，24（6）：12-13.

［26］COLVIN G. Leader Machines［J］. Fortunce，2007，156（7）：98.

［27］DAY D V，HARRISON M M. A multilevel, identity-based approach to leadership development［J］. Human Resource Management Review，2007，17：

360-373.

[28] CURTIN J L. Teaching Versus Facilitatiing in leadership Development: Trends in Business [J]. Journal of Leadership Education, 2002, 1 (1): 58-67.